Cours Élémentaire

DE

DESSIN LINÉAIRE

D'ARPENTAGE

ET D'ARCHITECTURE.

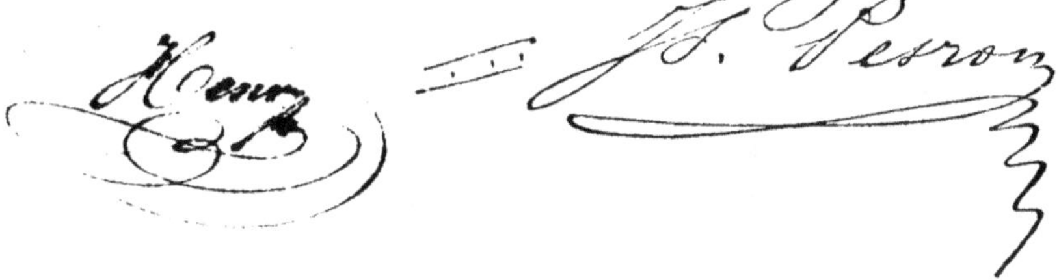

COURS ÉLÉMENTAIRE

DE

DESSIN LINÉAIRE

D'ARPENTAGE

ET D'ARCHITECTURE

Adapté à tous les modes d'Enseignement

Destiné aux Maisons d'Éducation des deux sexes, aux Écoles primaires des villes et des campagnes
et aux personnes qui s'occupent du Dessin,

Par J. B. HENRY (DES VOSGES,)

Maître de Pension à Paris, ancien Directeur des écoles mutuelles
de Beaufremont, Châtel-sur-Moselle et Neufchâteau,
ex-Président des conférences entre les Instituteurs, membre du Comité supérieur, etc., etc.

TROISIÈME ÉDITION

COMPOSÉE DE 80 PLANCHES, DONT 25 NOUVELLES,

présentant un choix complet de 580 dessins gradués,

SEUL OUVRAGE DONT LE TEXTE IMPRIMÉ EN REGARD DES PLANCHES
INDIQUE LA MANIÈRE DE CONSTRUIRE LES FIGURES.

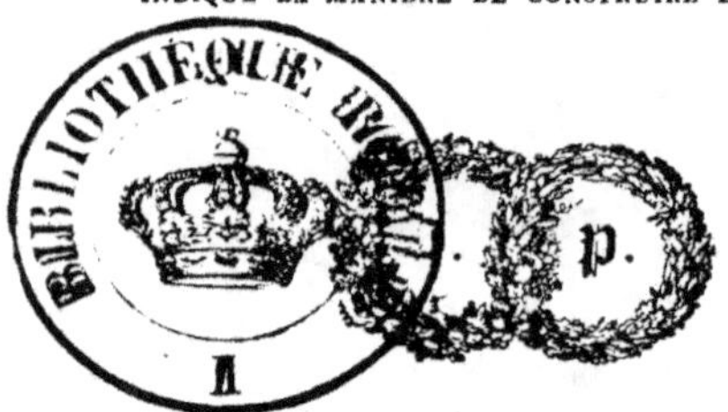

PARIS

ISIDORE PESRON, LIBRAIRE ÉDITEUR,

13, RUE PAVÉE-ST-ANDRÉ-DES-ARTS.

1843.

Imprimerie de Ducessois, 55, quai des Grands-Augustins.

TABLE DES MATIÈRES
RENFERMÉES DANS CET OUVRAGE.

DESSIN A VUE.

DESSIN GRAPHIQUE.

ARPENTAGE.

ARCHITECTURE.

DE LA MANIÈRE

D'ENSEIGNER

LE DESSIN LINÉAIRE.

Le DESSIN LINÉAIRE est l'art de représenter par des traits le contour des objets. Ce genre de dessin est utile dans une foule de circonstances.

On distingue deux espèces de dessin linéaire : le *dessin linéaire à vue* ou *sans instruments* et le *dessin linéaire graphique* ou *avec des instruments.*

C'est par le dessin à vue qu'il convient de commencer ; le dessin graphique ne doit être enseigné que lorsque les élèves ont acquis assez d'exactitude dans le dessin à vue.

Pour l'enseignement de l'une ou de l'autre espèce de dessin, le maître établira dix classes d'élèves.

La PREMIÈRE CLASSE, dessinera les lignes, les angles et les polygones rectilignes.

La DEUXIÈME CLASSE, le cercle, les ellipses, les rosaces et les applications de la ligne courbe.

La TROISIÈME CLASSE, les corps solides et leurs applications.

La QUATRIÈME CLASSE s'occupera du dessin linéaire graphique.

La CINQUIÈME CLASSE dessinera des moulures et l'élévation des ordres d'architecture.

La SIXIÈME CLASSE, des ouvrages de maçonnerie et de marbrerie.

La SEPTIÈME CLASSE, des ouvrages de charpente, de menuiserie et d'ébénisterie.

La HUITIÈME CLASSE, des ouvrages de serrurerie et de quincaillerie.

La NEUVIÈME CLASSE, les machines et les instruments divers.

La DIXIÈME CLASSE, l'ornement.

Cette classification bien établie, chaque élève trouvera son niveau et ne sera pas arrêté par les autres.

Le maître procèdera ensuite à l'enseignement par trois sortes d'exercices.

Dans les écoles mutuelles, les deux premiers se feront aux cercles et le troisième dans les bancs. Pour chacun de ces exercices chaque élève devra être muni d'un exemplaire de ce cours.

PREMIER EXERCICE.

Le maître ou le moniteur indiquera une leçon, lira d'abord lui-même un passage relatif à la figure qu'il voudra faire dessiner, en donnant toutes les explications nécessaires ; puis il fera lire ce passage successivement par tous les élèves du groupe, une ou plusieurs fois de suite, selon qu'il sera plus ou moins difficile à comprendre.

Une figure étant expliquée, le maître passera à la suivante, et après avoir lu lui-même le passage, il le fera lire successivement par les élèves jusqu'à la fin de ce procédé qui devra durer un quart-d'heure.

DEUXIÈME EXERCICE.

Le maître ou le moniteur construira d'abord lui-même sur le tableau noir la figure dont l'explication aura été lue au premier exercice ; puis il appellera successivement les élèves au tableau et leur fera dessiner cette même figure. Lorsqu'un élève dessinera mal une figure, le suivant la corrigera, et lorsque aucun élève du groupe ne parviendra à la dessiner convenablement, le maître ou le moniteur corrigera lui-même.

Ce procédé devra durer un quart-d'heure.

TROISIÈME EXERCICE.

Les élèves retourneront dans les bancs ; ils dessineront sur l'ardoise, sur des cahiers ou sur des planchettes, les mêmes dessins que dans les exercices précédents. Le maître ou le moniteur surveillera l'exécution, corrigera ensuite, puis récompensera l'élève qui aura le mieux fait.

Ce procédé devra durer une demi-heure.

P. S. M. HENRY, *auteur de cet ouvrage, honoré par l'Université et par la Société d'Émulation de plusieurs médailles et mentions honorables, pour le zèle qu'il a montré et les succès qu'il a obtenus dans la carrière de l'enseignement, donne, dans les Institutions des deux sexes, des leçons particulières d'Écriture, de Français, d'Arithmétique, de Dessin linéaire, etc. — S'adresser à l'éditeur.*

PLAN DE L'OUVRAGE.

Dessin Linéaire à vue.

Dessin Linéaire graphique.

Arpentage et Cubature.

Architecture.

Maçonnerie.

Marbrerie.

Charpente.

Menuiserie.

Ebénisterie.

Serrurerie.

Quincaillerie.

Mécanique.

Instruments divers

Ornements.

A

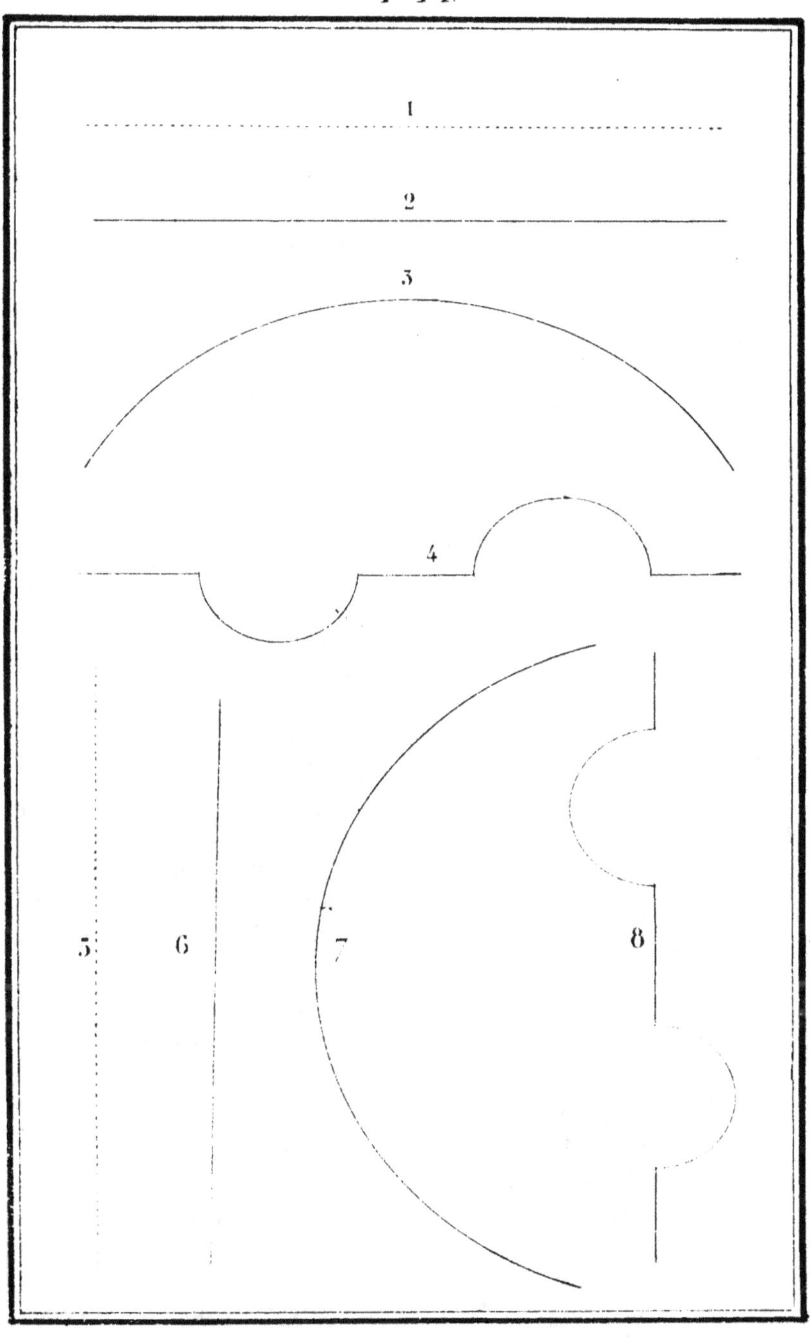
1
2
3
4
5
6
7
8

Première Partie

DESSIN LINÉAIRE A VUE.

PREMIÈRE LEÇON.

DU POINT.

Le *point* est un espace très-petit; le point géométrique ne peut tomber sous les sens, il n'a ni longueur, ni largeur, ni épaisseur; on l'exprime par un point physique.

1. Tracez plusieurs points de gauche à droite.

Le point se fait très-légèrement d'un coup de crayon ou de pointe de compas.

DE LA LIGNE.

La *ligne* est une trace qui indique le passage d'un point à un autre. C'est une longueur sans largeur.

Il y a trois sortes de lignes : la *droite*, la *courbe* et la *mixte*.

LIGNE DROITE.

La *ligne droite* est celle dont tous les points sont dans la même direction, c'est le plus court chemin d'un point à un autre.

2. Tracez une ligne droite de gauche à droite.

Le tracé d'une droite n'offre aucune difficulté , seulement le trait doit être net.

LIGNE COURBE.

La *ligne courbe* est celle dont les points ne sont pas dans la même direction.

3. Tracez une ligne courbe de gauche à droite.

Le tracé d'une courbe demande un exercice particulier de la main, et ce n'est qu'avec le temps que l'on parvient à donner à la courbe toute son exactitude géométrique.

LIGNE MIXTE.

La ligne *mixte* est composée de droites et de courbes.

4. Dessinez une ligne mixte de gauche à droite.

L'élève dessinera une droite qu'il terminera par une courbe.

5. Dessinez plusieurs points de haut en bas.

6. Dessinez une ligne droite de haut en bas.

7. Dessinez une ligne courbe de haut en bas.

8. Dessinez une ligne mixte de haut en bas.

DEUXIÈME LEÇON.

SORTES DE LIGNES DROITES.

Parmi les droites, on distingue l'*horizontale*, la *verticale*, les *obliques*, la *perpendiculaire* et les *parallèles*.

LIGNE HORIZONTALE.

La ligne *horizontale* suit le niveau de l'eau tranquille. Un plancher, un plafond, etc., représentent des horizontales.

9. Dessinez une ligne horizontale.

Le côté haut et le côté bas d'un cahier, d'une ardoise, d'un tableau, sont des horizontales; l'élève se guidera sur l'un de ces côtés pour dessiner une horizontale.

LIGNE VERTICALE.

La ligne *verticale* suit le niveau du fil à plomb librement suspendu. L'élévation des murs représentent des verticales.

10. Dessinez une ligne verticale.

Le côté gauche et le côté droit d'un cahier, d'une ardoise, d'un tableau, sont des verticales; l'élève se guidera sur l'un de ces côtés pour dessiner une verticale.

LIGNE OBLIQUE.

La ligne *oblique* est celle qui penche plus d'un côté que de l'autre. Il y a des obliques à droite et des obliques à gauche. Une oblique ne peut être ni horizontale ni verticale. Les toits représentent des obliques.

11. Dessinez une oblique à droite.

12. Dessinez une oblique à gauche.

L'inclinaison des obliques pouvant varier à l'infini, aucune difficulté pour le tracé.

LIGNE PERPENDICULAIRE.

La ligne *perpendiculaire* est celle qui, en tombant sur une autre droite, forme deux ouvertures égales.

13. Dessinez une perpendiculaire.

Une verticale et une horizontale sont perpendiculaires entre elles, mais il ne s'ensuit pas que la perpendiculaire doit toujours être ou verticale ou horizontale, car une ligne peut être perpendiculaire à une oblique.

14. Dessinez deux obliques perpendiculaires.

L'élève tracera deux obliques se coupant par le milieu et formant quatre ouvertures égales.

LIGNES PARALLÈLES.

On appelle *parallèles* deux ou plusieurs droites également distantes l'une de l'autre, de sorte qu'en les prolongeant, elles ne se rencontreraient jamais.

15. Dessinez des parallèles à une horizontale.

16. Dessinez des parallèles à une verticale.

17. Dessinez des parallèles à une oblique à droite.

18. Dessinez des parallèles à une oblique à gauche.

Toutes les horizontales, toutes les verticales sont parallèles entre elles. Pour tracer les obliques parallèles, l'élève observera la même distance dans tous les points.

9

10   11   12   13

14   15

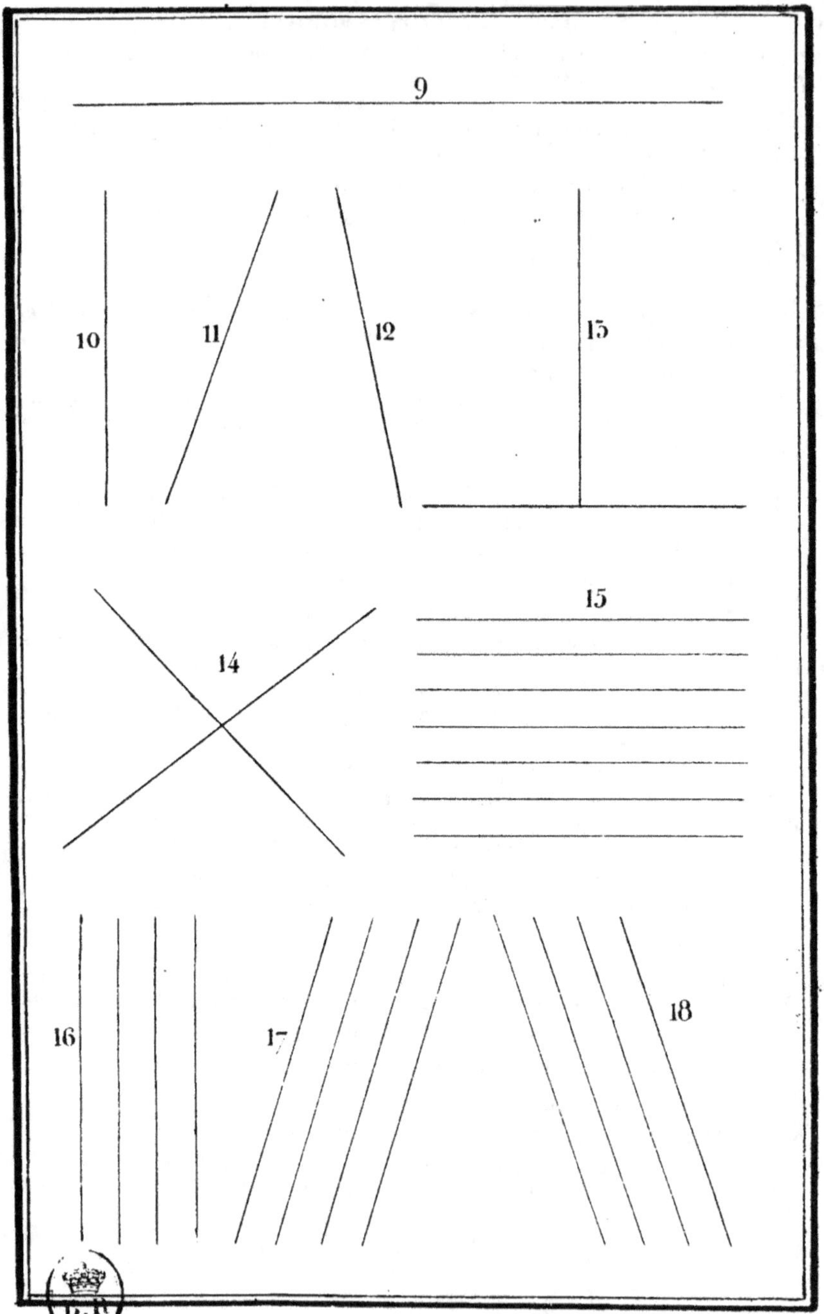

16   17   18

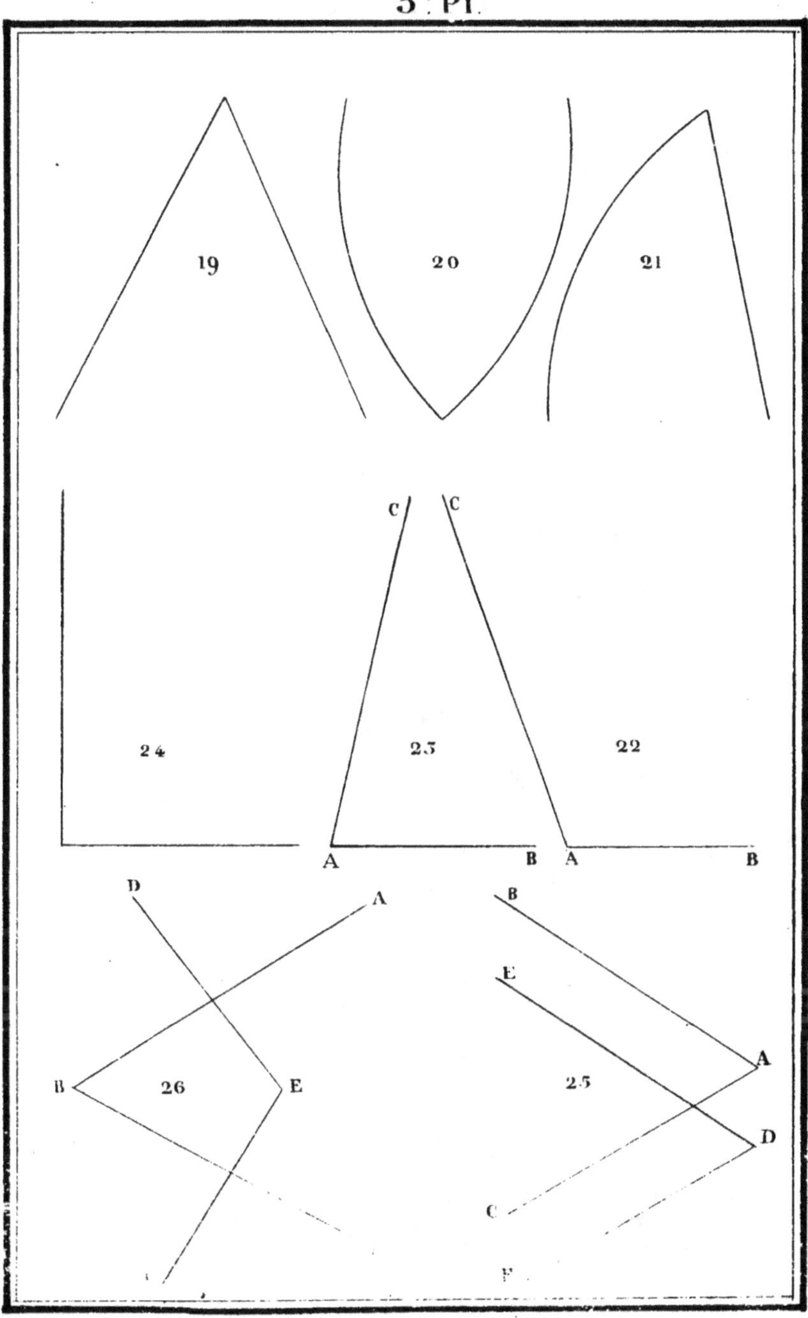

19
20
21
24
23
22
C C
A B A B
D A B
E
26 E 25 A
B D
C
F

TROISIÈME LEÇON.

DES ANGLES.

Un *angle* est l'écartement compris entre deux droites qui se rencontrent en un point nommé *sommet*.

Par rapport à ses côtés, on dit qu'un angle est *rectiligne*, *curviligne*, ou *mixtiligne*.

ANGLE RECTILIGNE.

L'angle *rectiligne* est formé par deux droites.

19. Dessinez un angle rectiligne.

L'élève tracera deux droites qui se rencontrent en un point.

ANGLE CURVILIGNE.

L'angle *curviligne* est formé par deux courbes.

20. Dessinez un angle curviligne.

L'élève tracera deux courbes quelconques qui se rencontrent en un point.

ANGLE MIXTILIGNE.

L'angle *mixtiligne* est formé par une droite et par une courbe.

21. Dessinez un angle mixtiligne.

L'élève tracera une droite et une courbe qui se rencontrent en un point.

SORTES D'ANGLES RECTILIGNES.

Un angle rectiligne peut être *droit*, *aigu* ou *obtus*.

ANGLE DROIT.

L'angle *droit* a un côté qui tombe perpendiculairement sur l'autre.

22. Dessinez un angle droit.

L'élève dessinera une droite, à l'une de ses extrémités il élèvera une perpendiculaire.

ANGLE AIGU.

L'angle *aigu* est moins ouvert que l'angle droit.

23. Dessinez un angle aigu.

L'élève dessinera l'horizontale AB, de l'extrémité A, il mènera l'oblique à droite AC.

ANGLE OBTUS.

L'angle *obtus* est plus ouvert que l'angle droit.

24. Dessinez un angle obtus.

L'élève tracera l'horizontale AB; de l'extrémité A, il mènera l'oblique à gauche AC.

25. Dessinez deux angles à côtés parallèles.

L'angle BAC étant tracé, l'élève mènera une parallèle à AB et une autre à AC, de manière à former l'angle EDF.

26. Dessinez deux angles à côtés perpendiculaires.

L'angle ABC étant tracé, l'élève mènera par le milieu de AB et de BC, deux perpendiculaires qui formeront l'angle DEF.

<h1 style="text-align:center">QUATRIÈME LEÇON.</h1>

<h2 style="text-align:center">DES SURFACES OU POLYGONES.</h2>

On appelle *polygone* une surface renfermée par des lignes. Dans les surfaces on distingue deux dimensions, la longueur et la largeur.

Les polygones sont *réguliers* lorsque les côtés et les angles sont égaux, ils sont *irréguliers* dans le cas contraire.

<h3 style="text-align:center">DU TRIANGLE.</h3>

La plus simple de toutes les surfaces est celle qui est renfermée par trois droites; on l'appelle *triangle*.

27. Dessinez un triangle quelconque.

L'élève prendra à volonté trois points quelconques A, B, C, pourvu qu'ils ne soient pas en ligne droite, il joindra le point A au point B, le point B au point C et le point C au point A.

<h3 style="text-align:center">DU QUADRILATÈRE.</h3>

Un polygone de quatre côtés se nomme *quadrilatère*.

28. Dessinez un quadrilatère.

L'élève ayant déterminé les quatre points A, B, C, D, tirera les droites AB, BC, CD, DA.

<h3 style="text-align:center">DU PENTAGONE.</h3>

Un polygone de cinq côtés se nomme *pentagone*.

29. Dessinez un pentagone.

L'élève ayant marqué cinq points quelconques, joindra ces points par des droites.

<h3 style="text-align:center">DE L'HEXAGONE.</h3>

Un polygone de six côtés se nomme *hexagone*.

30. Dessinez un hexagone.

L'élève prendra six points à volonté qu'il joindra par autant de droites.

<h3 style="text-align:center">DE L'EPTAGONE.</h3>

Un polygone de sept côtés se nomme *eptagone*.

31. Dessinez un eptagone.

L'élève marquera sept points et tirera des droites.

<h3 style="text-align:center">DE L'OCTOGONE.</h3>

Un polygone de huit côtés se nomme *octogone*.

32. Dessinez un octogone.

L'élève ayant choisi huit points, mènera des droites.

<h3 style="text-align:center">DE L'ENNÉAGONE.</h3>

Un polygone de neuf côtés se nomme *ennéagone*.

33. Dessinez un ennéagone.

L'élève placera neuf points à volonté qu'il joindra par des droites.

<h3 style="text-align:center">DU DÉCAGONE.</h3>

Un polygone de dix côtés se nomme *décagone*.

34. Dessinez un décagone.

L'élève ayant marqué dix points, tirera des droites

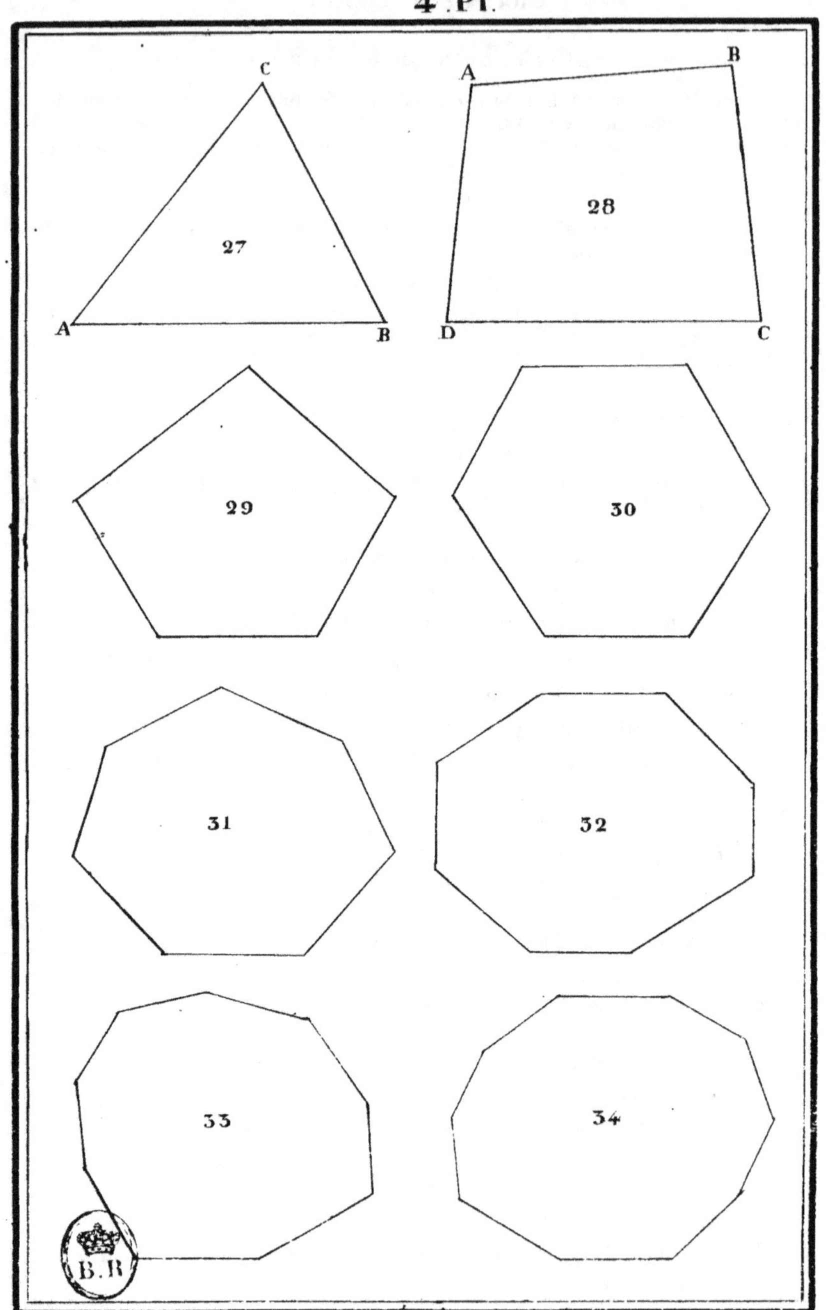

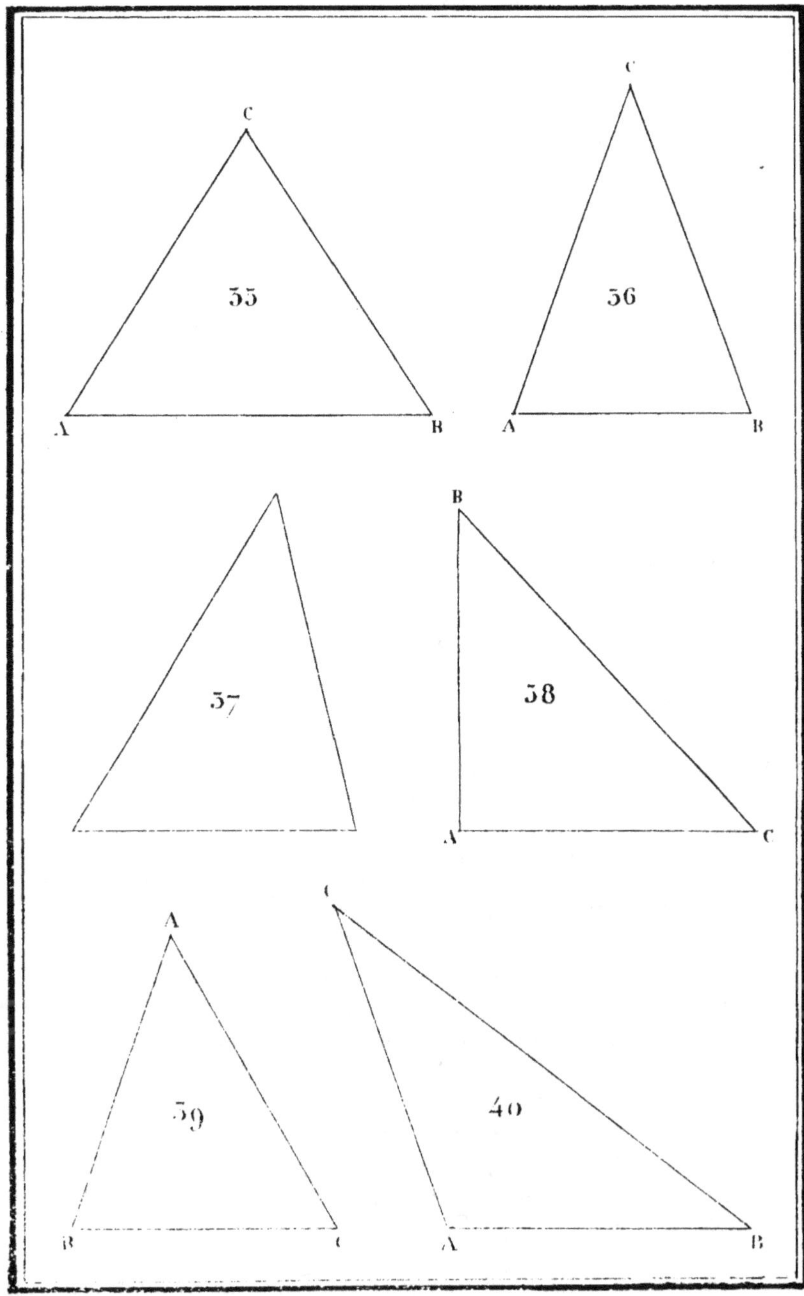
C
35
A B
C
36
A B
37
B
38
A C
A
39
B C
C
40
A B

DES TRIANGLES.

Par rapport à ses côtés, un triangle est *équilatéral, isocèle* ou *scalène*, et par rapport à ses angles on le nomme *rectangle, acutangle* ou *obtusangle*.

TRIANGLE ÉQUILATÉRAL.

Le triangle *équilatéral* a ses trois côtés égaux, c'est le seul régulier de tous les triangles.

35. Dessinez un triangle équilatéral.

L'élève dessinera l'horizontale AB et cherchera au-dessus du milieu de cette droite un point C, tel, qu'en joignant ce point aux extrémités A et B, les trois côtés du triangle soient égaux.

TRIANGLE ISOCÈLE.

Le triangle *isocèle* a deux côtés égaux.

36. Dessinez un triangle isocèle.

L'élève dessinera l'horizontale AB et prendra un point C au-dessus du milieu de cette droite, de manière qu'en menant des droites du point C aux points A et B, ces deux droites soient égales, mais plus petites ou plus grandes que AB.

TRIANGLE SCALÈNE.

Le triangle *scalène* a trois côtés inégaux.

37. Dessinez un triangle scalène.

Le tracé d'un triangle scalène n'offre aucune difficulté, il suffit que les trois côtés ne soient point égaux.

TRIANGLE RECTANGLE.

Le triangle *rectangle* est celui qui a un angle droit. Le côté opposé à l'angle droit se nomme *hypothénuse*.

38. Dessinez un triangle rectangle.

L'élève dessinera une horizontale et une verticale de manière à former un angle droit en A, ensuite il joindra l'extrémité B de la verticale à l'extrémité C de l'horizontale. La droite BC sera l'hypothénuse.

TRIANGLE ACUTANGLE.

Le triangle *acutangle* a trois angles aigus.

39. Dessinez un triangle acutangle.

L'élève prendra trois points quelconques A, B, C, de manière à former trois angles aigus en tirant les droites.

TRIANGLE OBTUSANGLE.

Le triangle *obtusangle* a un angle obtus.

40. Dessinez un triangle obtusangle.

L'élève dessinera l'angle obtus A en menant l'horizontale AB et l'oblique à gauche AC, il joindra ensuite le point C au point B.

SIXIÈME LEÇON.

DES QUADRILATÈRES.

Le quadrilatère prend le nom de *parallélogramme* lorsque les côtés opposés ou deux côtés seulement sont parallèles.

On distingue six sortes de parallélogrammes : le *carré*, le *rectangle*, le *losange*, le *parallélogramme proprement dit*, le *trapèze régulier* et le *trapèze irrégulier*.

DU CARRÉ.

Le *carré* a ses quatre côtés égaux et ses quatre angles droits, c'est le quadrilatère le plus régulier.

41. Dessinez un carré.

L'élève dessinera l'horizontale AB, les verticales AC et BD de **même longueur**, et joindra ensuite le point C au point D.

DU RECTANGLE.

Le *rectangle* est un quadrilatère dont les côtés opposés sont égaux et parallèles et dont les quatre angles sont droits.

42. Dessinez un rectangle.

L'élève dessinera l'horizontale AB ; des extrémités A et B, il mènera les verticales AC et BD égales, mais plus petites ou plus grandes que AB, il joindra ensuite les extrémités CD.

DU PARALLÉLOGRAMME PROPREMENT DIT.

Le *parallélogramme proprement dit* a aussi les côtés opposés égaux et parallèles ; mais il n'a point d'angle droit.

43. Dessinez un parallélogramme proprement dit.

L'élève dessinera l'horizontale AB ; des extrémités A et B, il mènera les obliques AC et BD de même inclinaison et de même longueur, et joindra ensuite le point C au point D.

DU LOSANGE.

Le *losange* a ses quatre côtés égaux, mais il n'a pas d'angle droit.

44 Dessinez un losange.

L'élève dessinera l'horizontale AB et la verticale CD se coupant par le milieu à angles droits au point E ; il prendra AE égal à EB et EC égal à ED, mais plus petits ou plus grands que AE et joindra par des droites les points A,B,C,D.

DU TRAPÈZE RÉGULIER.

Le *trapèze régulier* a deux côtés parallèles et inégaux deux angles droits, un angle aigu et un angle obtus.

45. Dessinez un trapèze régulier.

L'élève tracera l'horizontale AB ; des extrémités A et B il élèvera les verticales DB et CA d'inégale longueur, et joindra les points C et D.

DU TRAPÈZE IRRÉGULIER.

Le *trapèze irrégulier* a deux côtés parallèles et inégaux, et n'a pas d'angle droit.

46. Dessinez un trapèze irrégulier.

L'élève tracera deux parallèles quelconques AB et CD d'inégale longueur, et tirera ensuite les droites AC et BD.

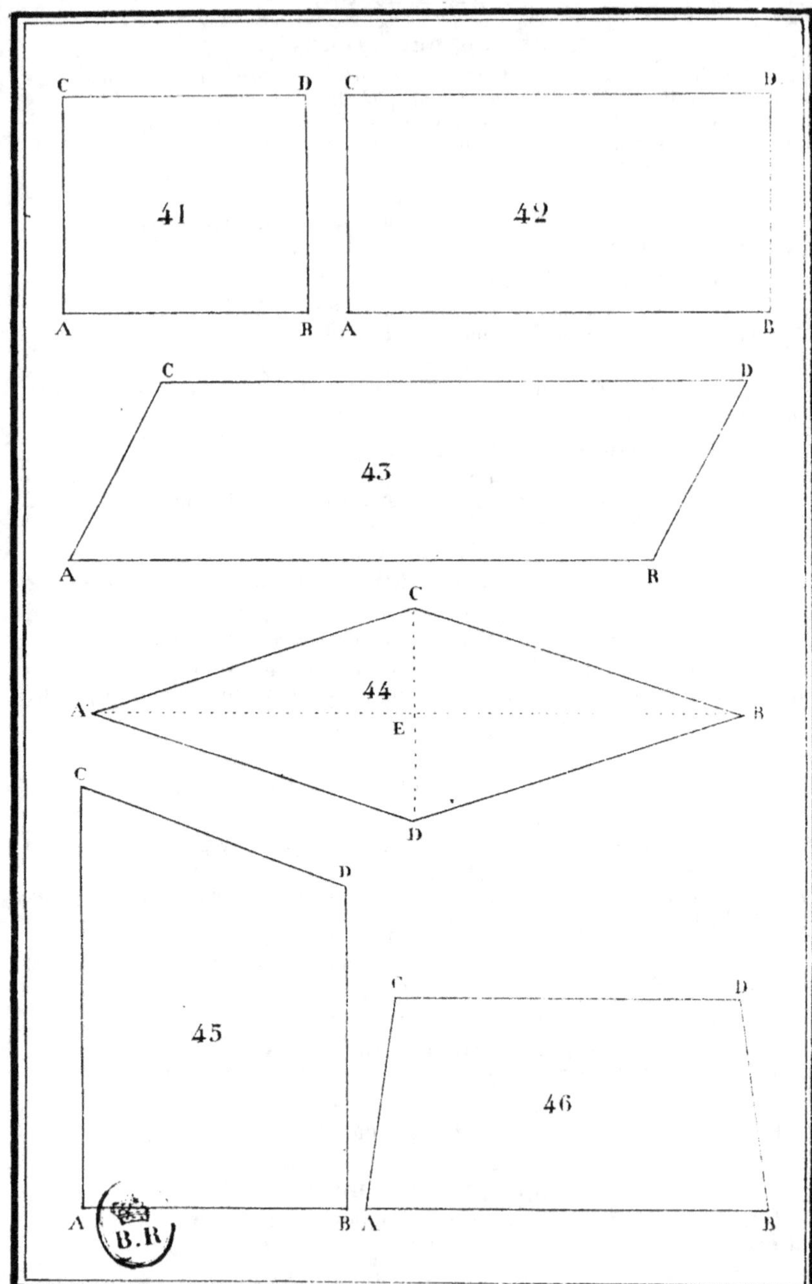
C D
A B
41
C D
A B
42
C D
A B
43
C
A E B
D
44
C
D
A B
45
C D
A B
46

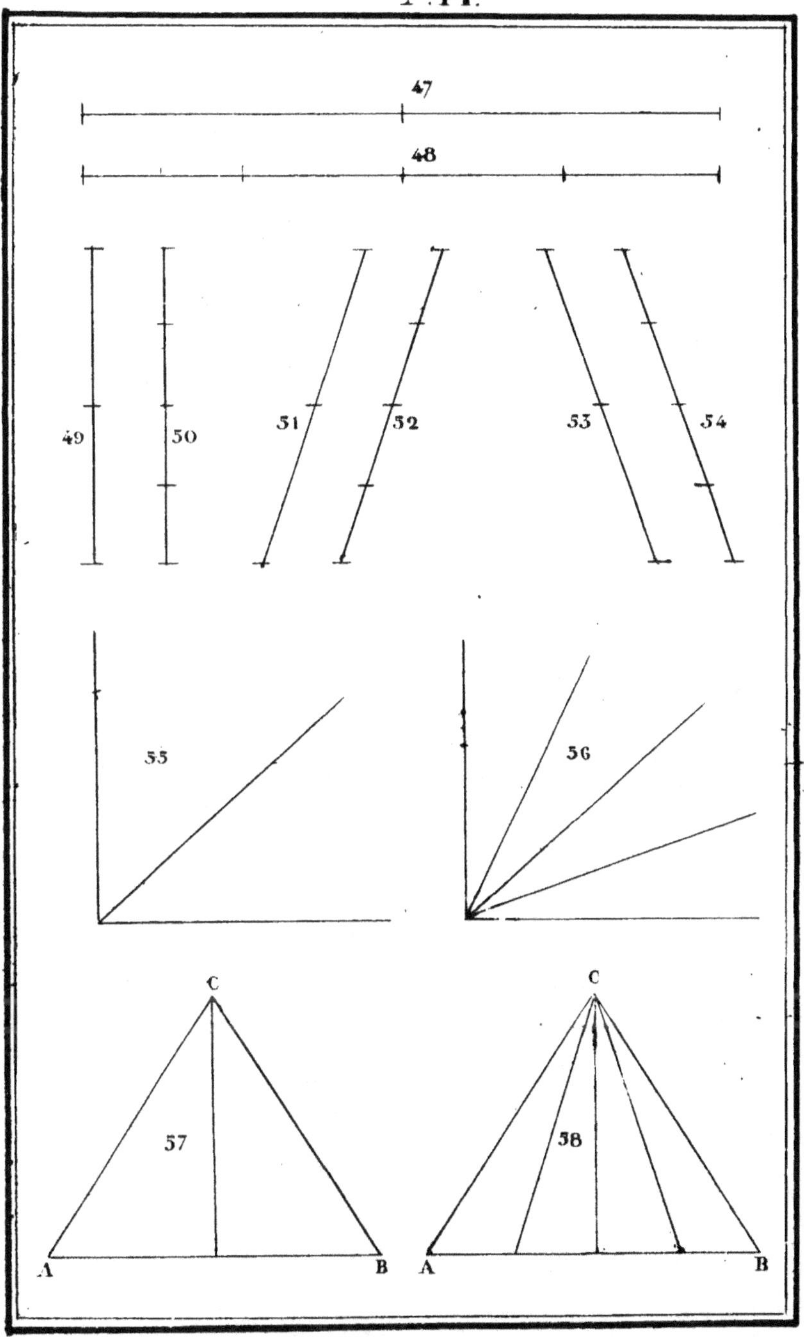

SEPTIÈME LEÇON.

DIVISION DES LIGNES.

On ne parvient à diviser les lignes à vue d'œil que par un fréquent exercice.

47. Divisez une horizontale en deux parties égales.

48. Divisez une horizontale en quatre parties égales.

49. Divisez une verticale en deux parties égales.

50. Divisez une verticale en quatre parties égales.

51. Divisez une oblique à droite en deux parties égales.

52. Divisez une oblique à droite en quatre parties égales.

53. Divisez une oblique à gauche en deux parties égales.

54. Divisez une oblique à gauche en quatre parties égales.

Pour diviser une ligne en quatre parties égales, l'élève la partagera d'abord en deux, et chaque moitié en deux autres parties égales.

DIVISION DES ANGLES.

La valeur d'un angle dépend de son ouverture, et non de la longueur des côtés qui le forment.

55. Divisez un angle droit en deux parties égales.

56. Divisez un angle droit en quatre parties égales.

Pour partager un angle quelconque, l'élève divisera l'écartement en parties égales, en tirant des obliques qui partent du sommet de l'angle.

DIVISION DES TRIANGLES.

57. Divisez un triangle équilatéral en deux parties égales.

58. Divisez un triangle équilatéral en quatre parties égales.

L'élève construira le triangle équilatéral ABC, il partagera l'un des côtés AB en parties égales, et du sommet C, il mènera des lignes de division.

HUITIÈME LEÇON.

DIVISION DES QUADRILATÈRES,

59. Partagez un carré en quatre triangles rectangles égaux.

L'élève ayant dessiné le carré ABCD, tirera les deux diagonales AD et CB, qui le partageront en quatre triangles rectangles égaux.

60. Partagez un carré en quatre autres carrés égaux.

L'élève partagera chaque côté du carré en deux parties égales, et tirera des droites par les points de division.

61 et **62.** Partagez un rectangle en quatre rectangles égaux.

L'élève partagera deux côtés opposés en quatre parties égales, et joindra les points de division par des droites.

63. Partagez un losange en quatre triangles rectangles égaux.

L'élève ayant dessiné le losange ABCD, mènera les diagonales AD et CB, qui le partageront en quatre triangles rectangles égaux.

64. Partagez un losange en quatre autres losanges égaux.

L'élève partagera chaque côté du losange en deux parties égales, et joindra les points de division par des droites.

65 et **66.** Partagez un parallélogramme en quatre autres parallélogrammes égaux.

L'élève divisera deux côtés opposés du parallélogramme en quatre parties égales, et joindra les points de division par des droites.

67. Partagez un trapèze régulier en quatre parties égales.

L'élève divisera les deux côtés parallèles, chacun en quatre parties égales et joindra par des droites les points de division.

68. Partagez un trapèze irrégulier en quatre parties égales.

Même opération que pour le trapèze régulier.

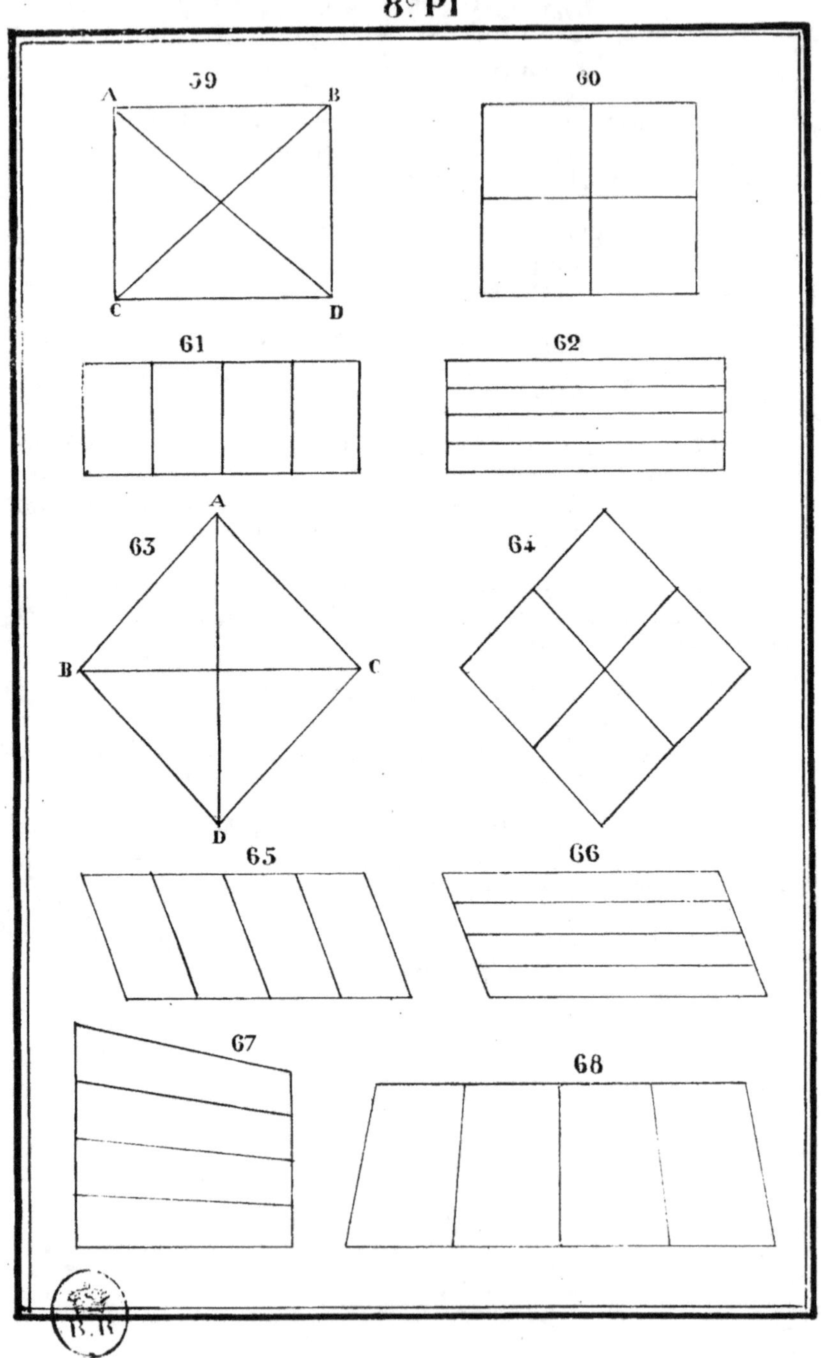

B

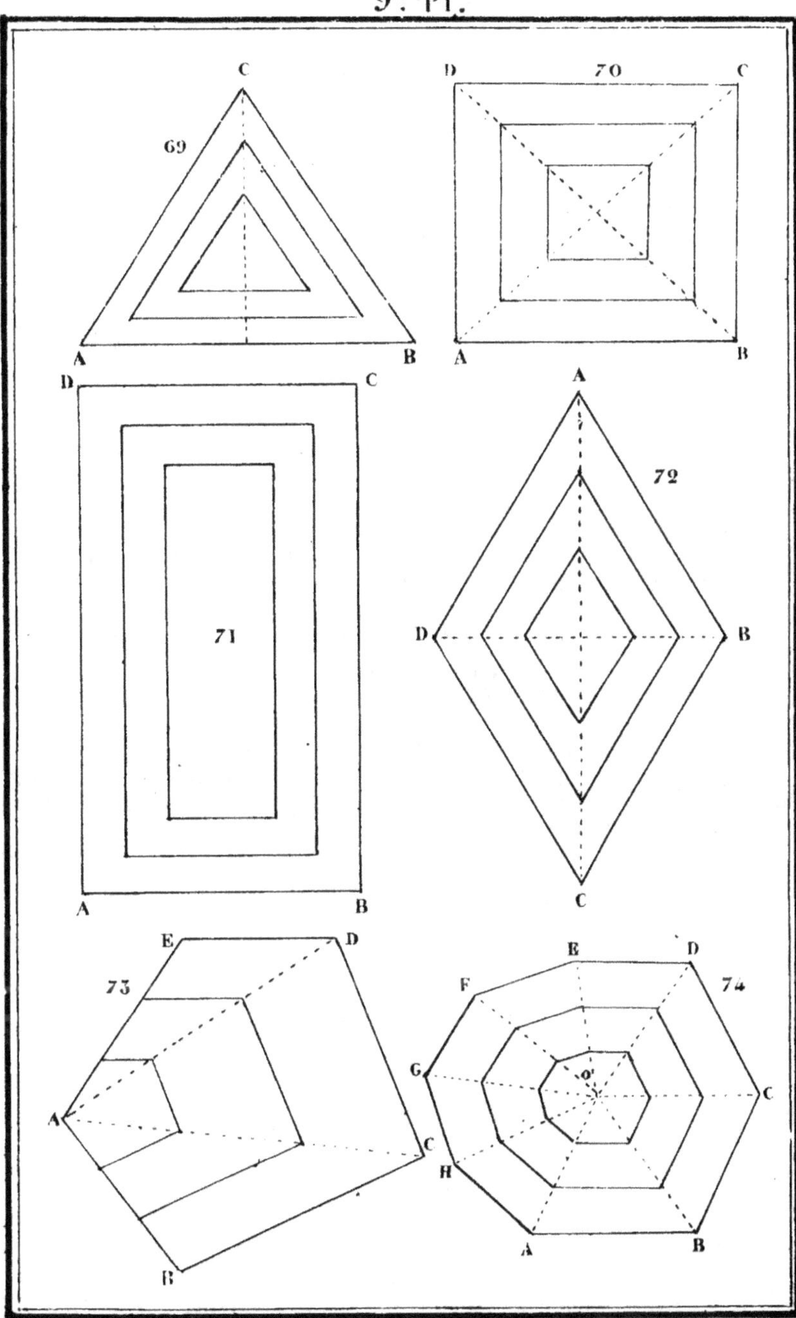

B bis

DES FIGURES SEMBLABLES.

Les figures sont *semblables* lorsqu'elles ont un même nombre de côtés proportionnels et les angles égaux.

69. Dessinez trois triangles équilatéraux inscrits.

L'élève dessinera le triangle équilatéral ABC, il mènera ensuite deux parallèles équidistantes à AB, à AC et à CD.

70. Dessinez trois carrés inscrits.

L'élève dessinera le carré ABCD, il tirera les deux diagonales AC et BD et mènera ensuite deux parallèles équidistantes à chaque côté du carré.

71. Dessinez trois rectangles inscrits.

L'élève ayant dessiné le rectangle ABCD, mènera deux parallèles à chaque côté du rectangle.

72. Dessinez trois losanges inscrits.

L'élève dessinera le losange ABCD, il tirera les diagonales AC et DB et mènera ensuite deux parallèles à chaque côté du losange.

73. Dessinez trois pentagones semblables inscrits.

L'élève ayant tracé le pentagone ABCDE, tirera les diagonales AD et AC et mènera des parallèles équidistantes à ED, à DC, et à CB.

74. Dessinez trois polygones irréguliers semblables inscrits.

Le polygone ABCDEFGH étant dessiné, l'élève choisira un point intérieur O ; de ce point il tirera des diagonales à tous les angles du polygone et mènera des parallèles à tous les côtés.

DIXIÈME LEÇON.

DU CERCLE.

On appelle *cercle* une surface comprise entre une ligne courbe également distante d'un point intérieur qu'on nomme *centre*.

Dans un cercle on remarque la *circonférence*, le *diamètre*, le *rayon*, l'*arc*, la *corde*, la *flèche*, la *sécante*, la *tangente*, etc.

DE LA CIRCONFÉRENCE.

On appelle *circonférence* la ligne courbe qui forme le cercle.

DU RAYON.

Le *rayon* est une ligne droite tirée du centre à la circonférence. Tous les rayons d'un cercle sont égaux.

75. Dessinez une circonférence, marquez-en le centre et le rayon.

Le tracé d'une circonférence est assez difficile, et ce n'est qu'avec de l'exercice que l'on parvient à tracer un cercle sans compas.

DU DIAMÈTRE.

Le *diamètre* est une ligne droite qui, passant par le centre, se termine à la circonférence; le diamètre vaut deux rayons, il partage le cercle en deux parties égales.

76. Dessinez une circonférence, marquez-en le diamètre.

La circonférence étant tracée, l'élève dessinera une droite qui passera par le centre et qui se terminera à la circonférence.

DIVISION DE LA CIRCONFÉRENCE.

Toute circonférence, grande ou petite, se partage en quatre cents parties égales, qu'on appelle *grades*. Le grade se partage en *dix décigrades;* le décigrade en *dix centigrades;* ainsi de suite.

77. Partagez une circonférence en quatre parties égales.

L'élève tirera deux diamètres perpendiculaires, et le cercle sera partagé en quatre parties égales. Chaque quart de cercle vaudra cent grades, ou un angle droit.

78. Partagez une circonférence en six parties égales.

L'élève portera six fois la longueur du rayon sur la circonférence et tirera ensuite les lignes de division.

DES ARCS DE CERCLE ET DE LA CORDE.

On appelle *arc de cercle* une portion de la circonférence terminée aux deux bouts par une droite qu'on appelle *corde*.

79. Dessinez un arc de cercle, marquez-en la corde.

L'arc de cercle étant tracé, l'élève joindra les extrémités par une droite.

DE LA FLÈCHE.

On appelle *flèche d'un arc*, une droite qui, passant par le milieu de l'arc et de la corde, va rejoindre le centre du cercle.

80. Dessinez un arc de cercle, marquez-en la flèche.

L'élève dessinera un arc qu'il partagera en deux parties égales; il joindra le milieu de l'arc au centre du cercle.

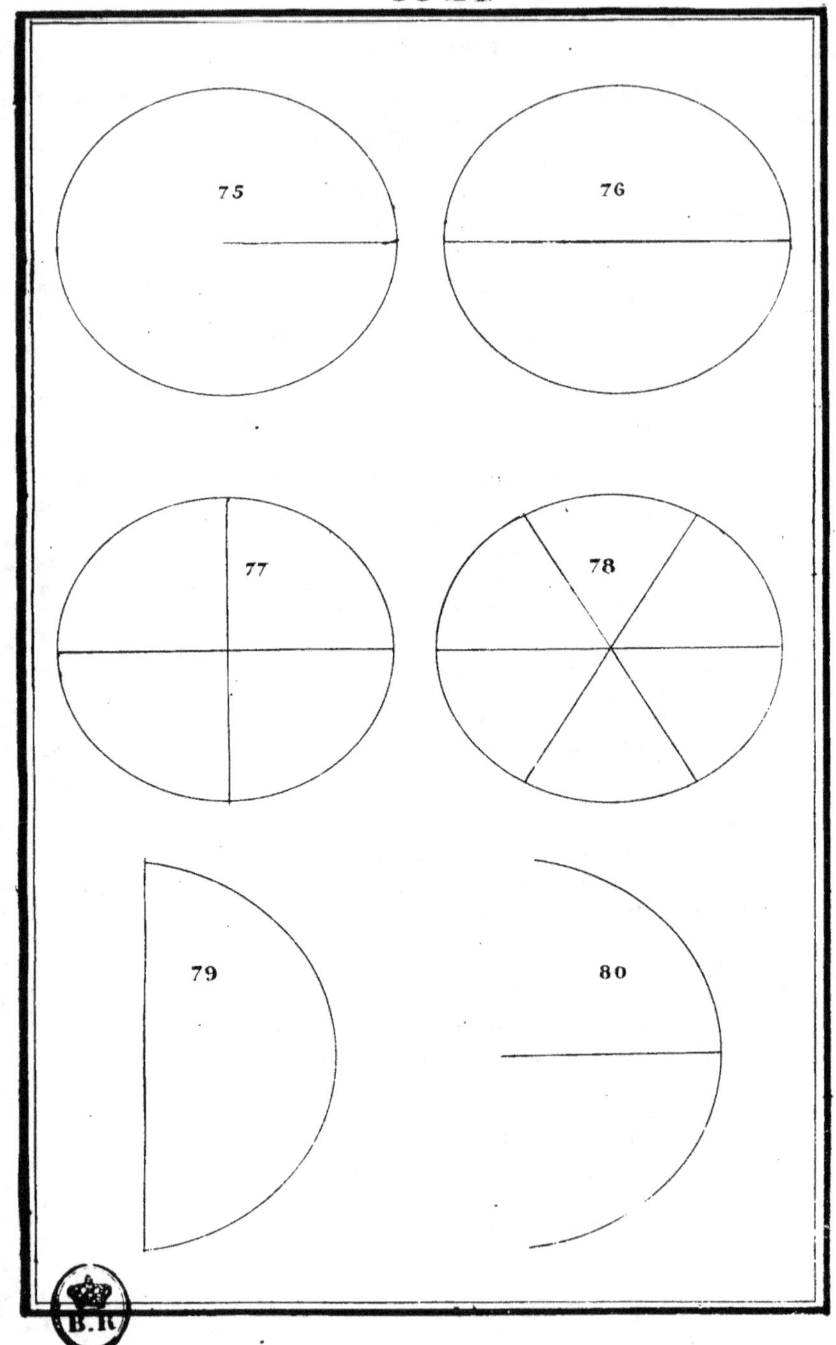
75
76
77
78
79
80

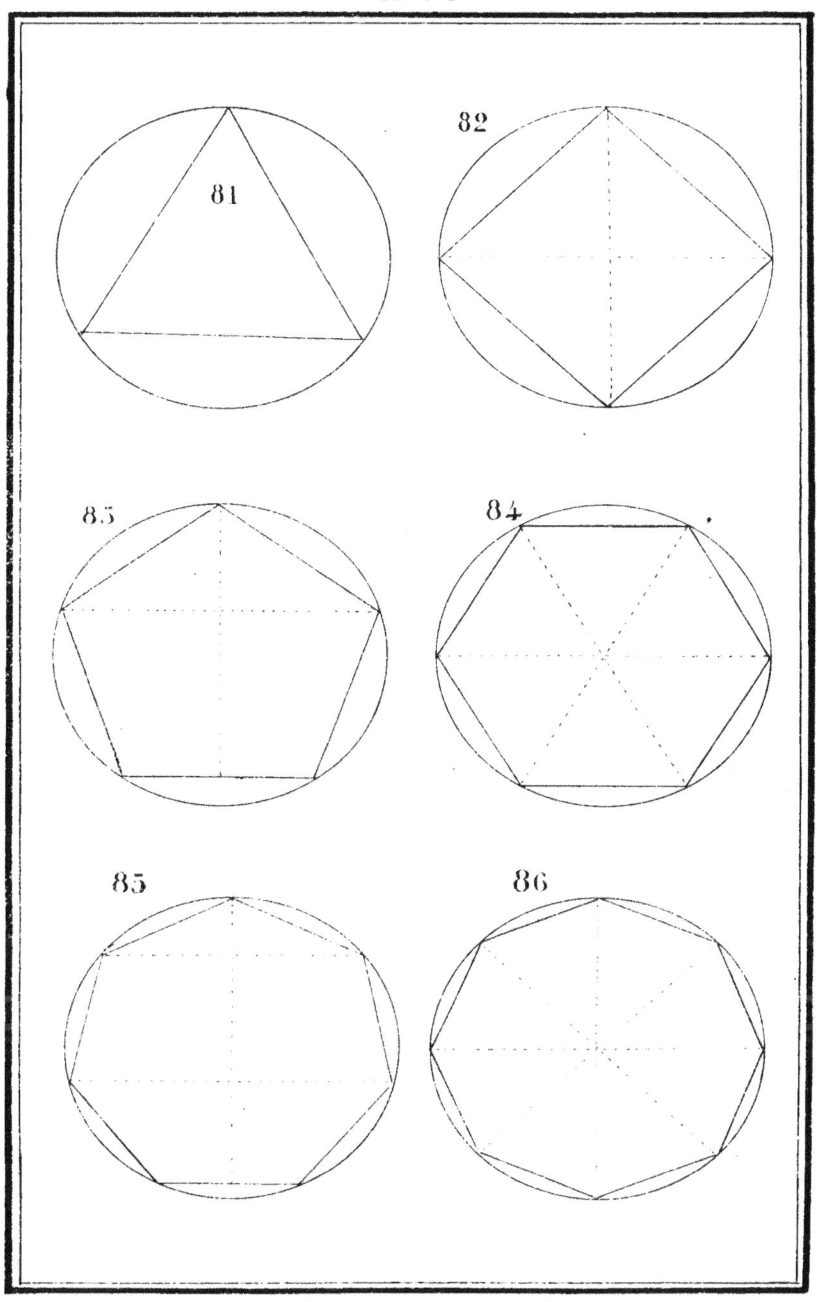

SUITE DU CERCLE.

DES POLYGONES RÉGULIERS INSCRITS.

81. Inscrivez un triangle équilatéral dans un cercle.

L'élève partagera la circonférence en trois parties égales et tirera des lignes de division.

82. Inscrivez un carré dans un cercle.

L'élève partagera la circonférence en quatre parties égales, au moyen de deux diamètres perpendiculaires, et par ces points il mènera des droites.

83. Inscrivez un pentagone régulier dans un cercle.

L'élève partagera la circonférence en cinq parties égales et mènera les lignes de division.

84. Inscrivez un hexagone régulier dans un cercle.

L'élève partagera la circonférence en six parties égales, et de ces points, il dessinera les côtés de l'hexagone.

85. Inscrivez un eptagone régulier dans un cercle.

Pour inscrire un eptagone dans un cercle, l'élève partagera la circonférence en sept parties égales, et par ces points il tirera des droites.

86. Inscrivez un octogone régulier dans un cercle.

Pour inscrire un octogone régulier dans un cercle, l'élève divisera la circonférence en huit parties égales au moyen de quatre diamètres et tirera des droites par les points de division.

NOTA. On trouvera dans le dessin linéaire graphique (27e leçon), le moyen de diviser exactement, à l'aide du compas, la circonférence en parties égales ; l'élève, dans cette leçon, s'exercera à diviser la circonférence à vue d'œil.

DOUZIÈME LEÇON.

SUITE DU CERCLE.

On appelle *tangente* à un cercle, une ligne qui ne fait toucher la circonférence qu'en un point nommé *point de contact*.

87. Dessinez une tangente à un cercle par un point donné sur la circonférence.

Soit donné le point de contact C, l'élève tirera le rayon OC, et par le point C, il mènera la perpendiculaire AB au rayon OC.

88. Dessinez une tangente à un cercle par un point donné en dehors de la circonférence.

Soit A le point donné, l'élève mènera la droite AB de manière qu'elle ne rencontre la circonférence qu'en un seul point C.

89. Dessinez trois cercles tangents en dehors.

L'élève tirera la droite AB, qu'il partagera en trois parties égales aux points C et D. Chaque portion AB, BC et CD sera le diamètre d'un cercle, il n'aura plus qu'à dessiner les circonférences.

90. Dessinez trois cercles tangents en dedans.

L'élève ayant dessiné la plus grande circonférence, marquera le diamètre AB ; du point B comme point de contact, il dessinera deux autres circonférences plus petites que la première.

DES CERCLES CONCENTRIQUES.

On appelle *cercles concentriques*, deux ou plusieurs cercles qui ont le même centre. La surface comprise entre les circonférences se nomme *couronne*.

91. Dessinez trois circonférences concentriques.

L'élève dessinera d'abord la circonférence extérieure, marquera le diamètre et le centre, et dessinera ensuite les deux autres circonférences.

CIRCONSCRIPTION DES POLYGONES RÉGULIERS A UN CERCLE.

92. Circonscrivez un triangle équilatéral à un cercle.

L'élève partagera la circonférence en trois parties égales aux points A, B et C, il tirera les rayons DA, DB et DC, et mènera des tangentes par les trois points de division ou de contact A, B, C, perpendiculaires aux rayons.

93. Circonscrivez un carré à un cercle.

L'élève partagera la circonférence en huit parties égales par quatre diamètres ; les points A, B, C, D, seront les points de contact par lesquels il devra mener des tangentes jusqu'à la rencontre des deux autres diamètres AF, EG prolongés en dehors du cercle.

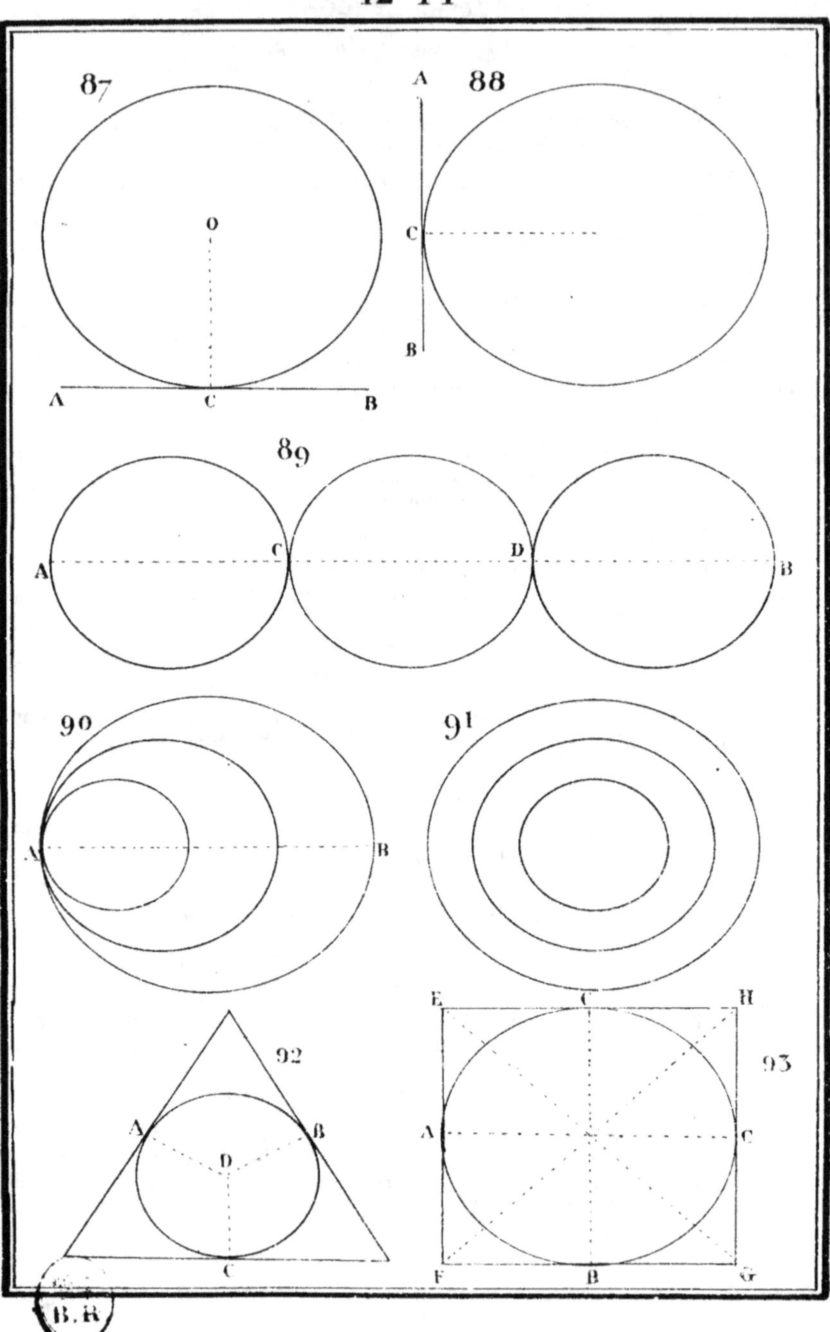
87
88
89
90
91
92
93

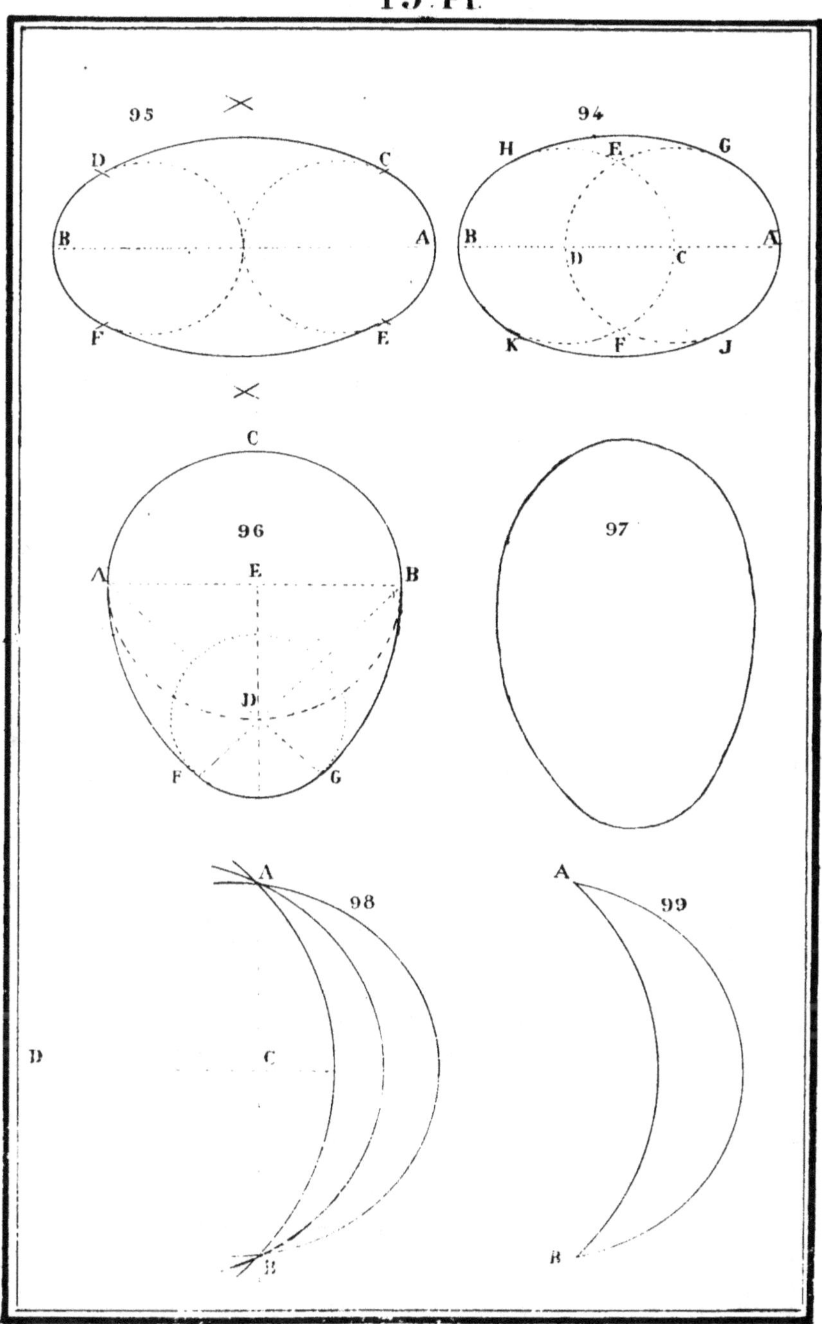
95
D
C
B
A
F
E
94
H
E
G
B
D
C
A
K
F
J
C
96
E
B
A
D
F
G
97
A
98
D
C
B
A
99
B

TREIZIÈME LEÇON.

DES ELLIPSES.

L'*ellipse* est une figure circulaire formée de quatre arcs de cercle raccordés et égaux deux à deux.

94. Dessinez une ellipse ordinaire.

L'élève tirera l'axe AB qu'il partagera en trois parties égales; les points C et D seront les centres de deux cercles, dont il dessinera les circonférences qui se couperont en E et en F et raccordera les courbes GH et JH.

95. Dessinez une ellipse allongée.

L'élève ayant tracé la droite AB, dessinera sur cette droite, deux circonférences tangentes en-dehors et tracera les courbes CD et EF, qui devront se joindre naturellement, sans faire ni saillie, ni rentrée.

DE L'OVALE.

L'*ovale* est une figure circulaire formée de quatre courbes raccordées, dont deux seulement sont égales. L'ovale représente la face de la figure humaine.

96. Dessinez un ovale.

L'élève tracera le diamètre AB; il dessinera la circonférence ABCD; il tirera le rayon perpendiculaire ED; il tracera indéfiniment AD et BD; prenant pour centres B et A, il dessinera les arcs AF et BG; ensuite prenant D pour centre, il tracera l'arc FG.

DE L'OVE.

L'*ove* est une figure circulaire ayant la forme d'un œuf.

97. Dessinez une ove.

L'élève s'exercera à tracer cette figure, dont le raccord des arcs doit présenter à l'œil une courbe continue et gracieuse.

98. Faites passer trois arcs de cercle par deux points donnés.

L'élève ayant choisi deux points A, B, dessinera trois arcs de cercle passant par ces deux points; les centres de ces arcs se trouveront sur la perpendiculaire CD, abaissée à AB.

99. Dessinez un croissant.

L'élève dessinera deux arcs de cercle, passant par les points communs A et B.

DES POLYGONES ÉTOILÉS.

100. Dessinez une étoile à cinq branches.

L'élève dessinera une circonférence qu'il partagera en cinq parties égales; il joindra ensuite, par des droites, les points de division de deux en deux.

101. Dessinez une étoile à six pointes.

L'élève dessinera une circonférence qu'il partagera en six parties égales; il joindra de deux en deux les points de division.

102. Dessinez une étoile à sept pointes.

L'élève dessinera deux circonférences concentriques; il divisera la plus grande en sept parties égales; il tracera sept rayons du centre à chaque point de division; ces rayons partageront la petite circonférence en sept parties égales; il divisera chaque arc de la petite circonférence en deux parties égales et joindra ensuite par des droites les points de division de la petite circonférence à ceux de la grande.

103. Dessinez une étoile à huit branches.

La construction de cette figure, qui représente la rose des vents, est la même que celle de la figure précédente.

104. Dessinez une croix de moniteur.

La construction est la même que celle de la figure 100. L'élève ayant dessiné une étoile à cinq pointes, terminera chaque branche par des portions de circonférence, et dessinera ensuite l'anneau.

105. Dessinez une croix d'honneur.

L'élève dessinera trois circonférences concentriques, une grande et deux petites; il divisera la grande en dix parties égales aux points A, B, C, D, E, F, G, H, J, K; il tirera les diamètres AF, BG, CH, DJ, et EK, en supprimant les portions qui entrent dans les deux petites circonférences; il mènera les lignes, telles que AH, KE, qui joignent les sommets de deux en deux pour former les angles rentrants des cinq branches à l'extrémité desquelles il dessinera de petites boucles, ensuite il dessinera la couronne de laurier, puis l'autre couronne en dehors du cercle.

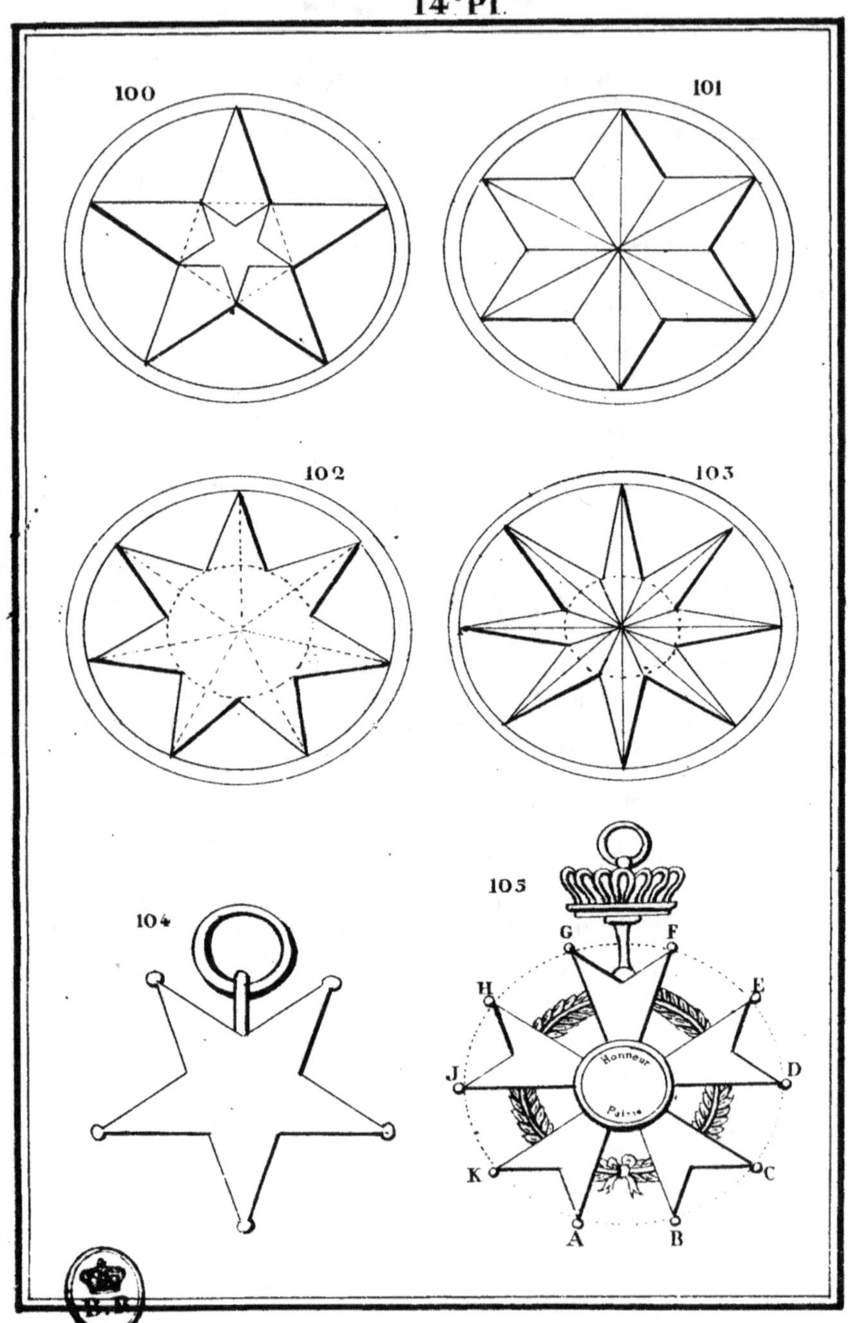
100
101
102
103
104
105
G
F
H
E
J
D
K
C
A
B
Honneur
Patrie

106

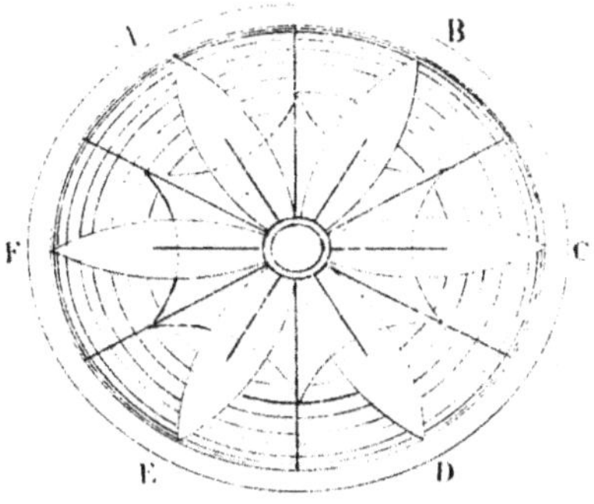

107

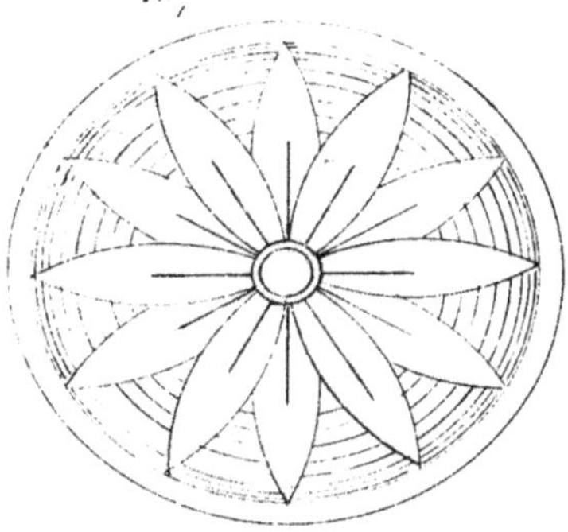

108

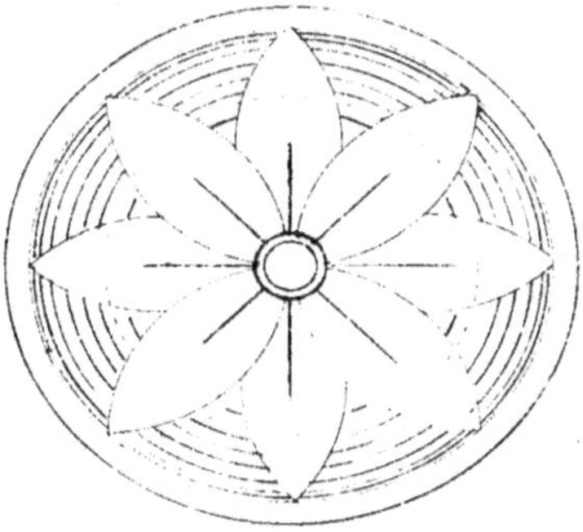

109

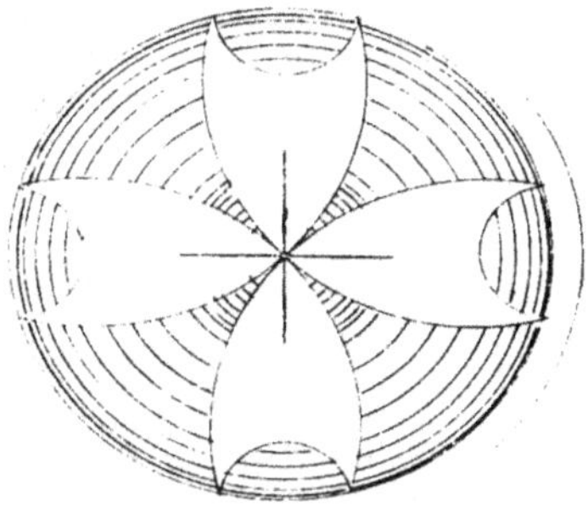

110

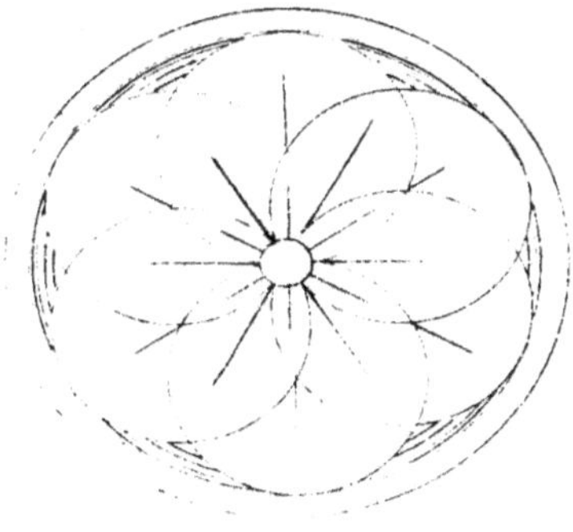

111

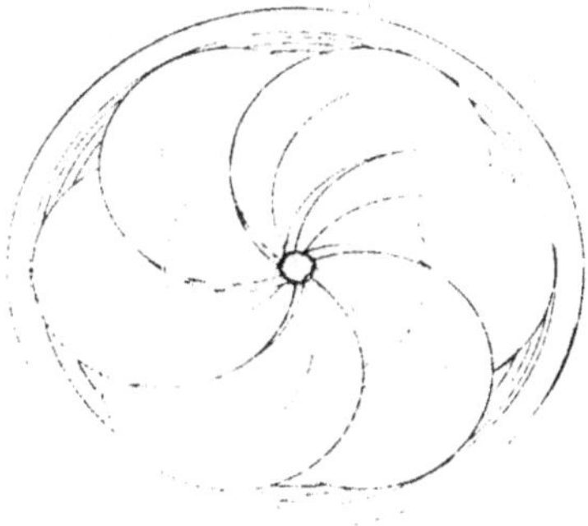

QUINZIÈME LEÇON.

DES ROSACES GÉOMÉTRIQUES.

Une *rosace* est un ornement de forme circulaire représentant une rose.

106. Dessinez une rosace à six feuilles.

L'élève dessinera une circonférence qu'il partagera en six parties égales aux points A, B, C, D, E, F ; il fera passer des arcs de cercle par le centre et par ces points de division de deux en deux. Ensuite il les entrecoupera de six arcs de cercle, dont les centres se trouveront aux mêmes divisions de la circonférence.

107. Dessinez une rosace à douze feuilles.

La construction est la même que celle de la figure précédente ; après avoir dessiné les six feuilles principales, l'élève dessinera entre chacune d'elle une autre feuille superposée.

108. Dessinez une rosace à huit feuilles.

L'élève dessinera une circonférence qu'il partagera en huit parties égales ; il dessinera les quatre feuilles principales, ensuite les quatre autres superposées.

109. Dessinez une rosace à quatre feuilles tronquées.

L'élève ayant dessiné une circonférence, pour plus de facilité, tracera deux diamètres perpendiculaires ; il dessinera ensuite les arcs de cercle et les unira deux à deux par de petites courbes.

110. Dessinez une rosace à dix-huit feuilles.

L'élève dessinera deux circonférences concentriques, l'une d'un rayon double de l'autre ; en partageant la petite en six parties égales, il obtiendra les six centres de six circonférences qu'il tracera sur autant de rayons considérés comme diamètres.

111. Dessinez une rosace à six feuilles superposées.

L'élève dessinera deux circonférences concentriques comme pour la figure précédente ; il partagera la petite en six parties égales, ce qui lui donnera les six centres de six parties de circonférence qu'il tracera sur six rayons pris pour diamètres, et aboutissant toutes au centre de la circonférence qui les enveloppe.

SEIZIÈME LEÇON.

DES SOLIDES.

On donne le nom de *solide* à tout ce qui a trois dimensions, longueur, largeur et hauteur. Il y a des solides terminés par des droites : tels sont le *parallélipipède*, le *prisme*, la *pyramide*, et les *polyèdres* ; d'autres sont terminés par des courbes, comme le *cylindre*, le *cône*, et la *sphère*.

DU PARALLÉLIPIPÈDE.

Le *parallélipipède* est un corps solide, terminé par six rectangles égaux deux à deux. Un coffre, une ardoise sont des parallélipipèdes.

112. Dessinez un parallélipipède.

L'élève dessinera la base ABCD qui, en perspective prend la forme d'un parallélogramme ; il élèvera à chaque angle de cette base des verticales de même longueur, DE, CF, AG, BH; ensuite il joindra les extrémités des verticales par des droites de deux en deux.

DES PRISMES.

Le *prisme* est un corps solide terminé par deux bases rectilignes égales et parallèles, et dont les faces latérales sont des rectangles. On dit qu'un prisme est *triangulaire* si les bases sont des triangles ; on dit qu'il est *quadrangulaire* si les bases sont des quadrilatères ; on dit qu'il est *pentagonal*, si les bases sont des pentagones ; ainsi de suite.

113. Dessinez un prisme triangulaire.

114. Dessinez un prisme pentagonal.

115. Dessinez un prisme hexagonal.

Pour construire un prisme, l'élève dessinera d'abord la base inférieure ; à chaque angle de la base il élèvera des verticales de même longueur, et terminera par la base supérieure.

DES PYRAMIDES.

La *pyramide* est un corps solide dont la base est un polygone rectiligne, et qui depuis cette base va toujours en diminuant jusqu'au sommet. Si la base est un triangle, on dit que la pyramide est *triangulaire*; si la base est un quadrilatère, on dit qu'elle est *quadrangulaire*; ainsi de suite.

116. Dessinez une pyramide triangulaire.

117. Dessinez une pyramide quadrangulaire.

118. Dessinez une pyramide pentagonale.

Pour la construction des pyramides, l'élève dessinera d'abord la base; il marquera la hauteur de la pyramide par un point qu'il choisira au-dessus du milieu de la base ; ensuite de ce point à chaque angle de la base, il mènera des droites.

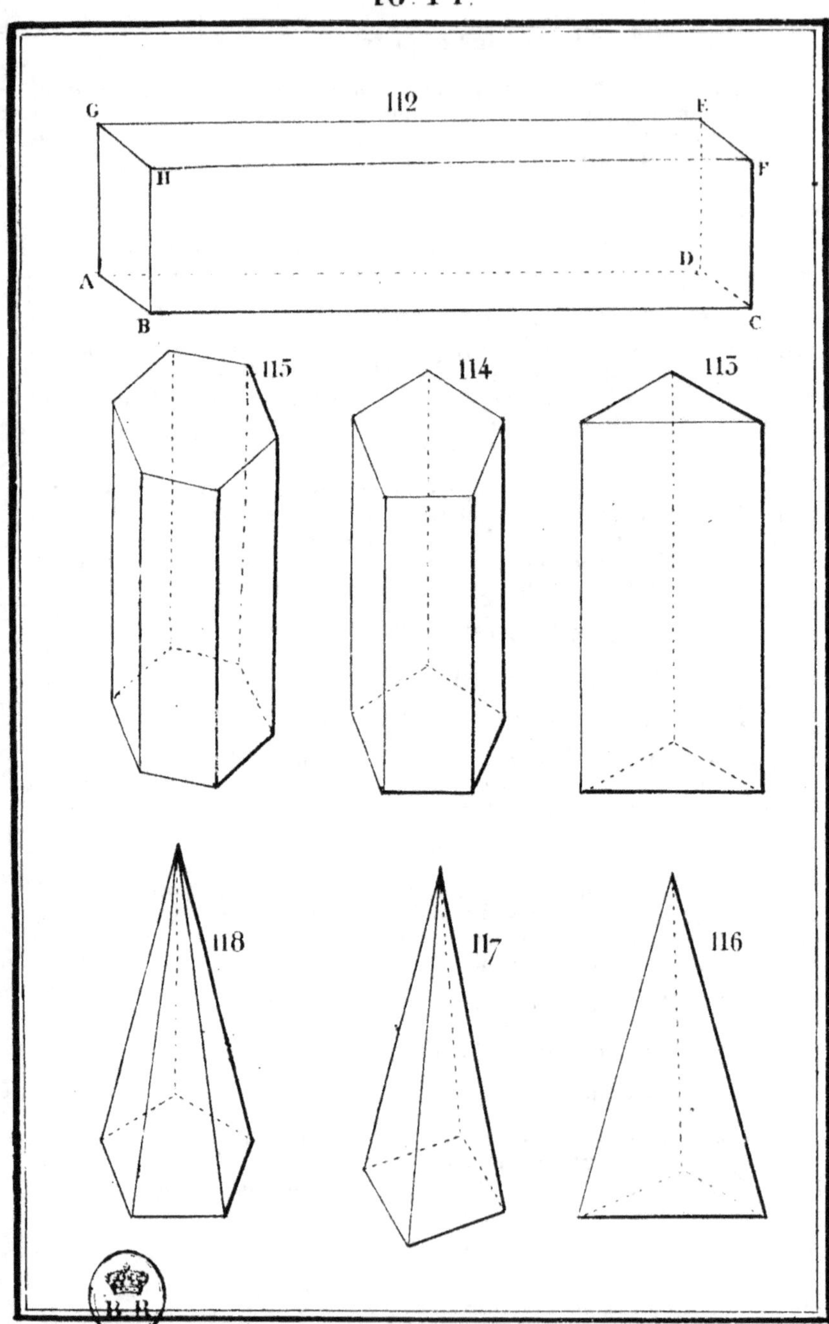
112
G
E
H
F
A
D
B
C
115
114
113
118
117
116

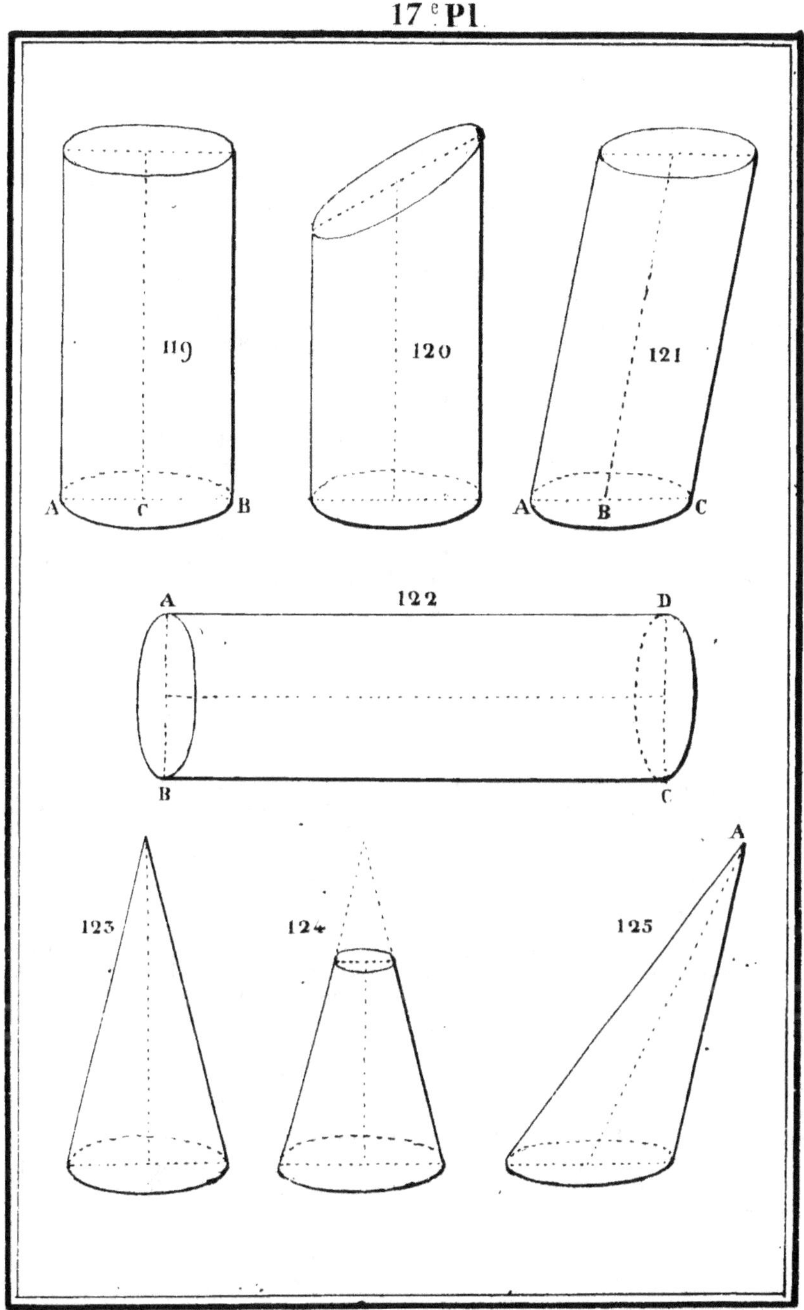
119
120
121
A C B
A B C
122
A D
B C
123
124
125
A

DIX-SEPTIÈME LEÇON.

SUITE DES SOLIDES.

DU CYLINDRE.

Le *cylindre* est un corps solide long et rond comme un rouleau, terminé aux deux bouts par un cercle. On dit qu'un cylindre est *tronqué*, lorsque le cercle supérieur n'est pas parallèle à celui de la base ; on dit qu'un cylindre est *oblique*, lorsque les côtés sont inclinés à l'égard de la base.

119. Dessinez un cylindre droit.

La base du cylindre est un cercle, mais en perspective, il prend la forme d'une ellipse, l'élève dessinera donc pour la base inférieure une ellipse allongée qu'il partagera en deux parties égales par l'axe AB ; il élèvera trois verticales de même longueur aux points A, C, B, et dessinera l'ellipse de la base supérieure égale à l'autre.

120. Dessinez un cylindre tronqué.

La construction est la même que celle de la figure précédente, seulement l'élève disposera obliquement l'ellipse de la base supérieure qui devra être plus allongée que celle de la base inférieure.

121. Dessinez un cylindre oblique.

L'élève dessinera l'ellipse de la base inférieure, et par les points A, B, C, il mènera trois parallèles obliques de même longueur et dessinera la base supérieure semblable à l'autre.

122. Dessinez un cylindre couché.

L'élève dessinera deux horizontales de même longueur et terminera par les deux ellipses.

DU CÔNE.

Le *cône* est un corps solide dont la base est un cercle et qui se termine en pointe. Un pain de sucre, un éteignoir sont des cônes. On dit qu'un cône est *tronqué* lorsque la pointe est coupée, soit horizontalement, soit verticalement, soit obliquement. On dit qu'il est *oblique* lorsque la ligne qui descend du sommet n'est pas perpendiculaire au milieu de la base.

123. Dessinez un cône droit.

L'élève dessinera une ellipse pour la base, il élèvera sur le milieu de cette base une perpendiculaire de la hauteur du cône et joindra l'extrémité de la perpendiculaire aux extrémités du grand axe de l'ellipse.

124. Dessinez un cône tronqué.

L'élève fera la même construction que pour le cône droit, ensuite il tronquera le cône en dessinant l'ellipse supérieure.

125. Dessinez un cône oblique.

L'élève ayant dessiné l'ellipse de la base, prendra un point quelconque A pour la hauteur du cône, et de ce point aux extrémités du grand axe de la base, il mènera des droites obliques.

DIX - HUITIÈME LEÇON.

SUITE DES SOLIDES.

DE LA SPHÈRE.

La *sphère* est un corps solide parfaitement rond que l'on nomme aussi globe ou boule. On suppose la sphère traversée par un *axe* ou *diamètre*, c'est une ligne droite qui passe par son centre et qui rencontre sa surface en deux points qu'on nomme *pôles*.

Sur la surface de la sphère on distingue les *méridiens*, *l'équateur*, les *parallèles*, le *fuseau sphérique*, la *zône* et la *calotte sphérique*.

DES MÉRIDIENS.

On appelle *grands cercles* ou *méridiens*, les lignes qui, passant par les pôles, partagent la sphère en deux parties égales.

126. Dessinez les grands cercles d'une sphère.

L'élève dessinera une circonférence et un diamètre horizontal AB ; il partagera celui-ci en autant de parties qu'il voudra obtenir de méridiens ; il tracera ensuite des arcs de cercle passant par les points de division et par les pôles C, D.

DE L'ÉQUATEUR ET DES PARALLÈLES.

On appelle *équateur* la ligne qui coupe la sphère en deux parties égales à égale distance des deux pôles.

On appelle *petits cercles* ou *parallèles* des lignes parallèles à l'équateur ; les petits cercles partagent la sphère en deux parties inégales.

127. Dessinez les petits cercles d'une sphère.

L'élève dessinera une circonférence qu'il partagera en quatre parties égales par deux diamètres perpendiculaires ; il partagera E D et les arcs de cercle en autant de parties qu'il voudra obtenir de parallèles ; et par les points de division de la circonférence et ceux de l'axe, il dessinera des arcs de cercle.

128. Dessinez les méridiens et les parallèles d'une sphère.

La construction est la réunion des deux figures précédentes.

DU FUSEAU SPHÉRIQUE.

On appelle *fuseau sphérique* ou *hémisphère*, une moitié de la surface de la sphère, c'est-à-dire une partie de la sphère comprise entre deux demi-grands cercles qui se terminent à un diamètre commun ; le solide qu'il enveloppe se nomme *coin* ou *onglet sphérique*.

129. Dessinez le fuseau sphérique.

L'élève dessinera une demi-circonférence qu'il terminera par les diamètres ABC et ADC qui, en perspective, prendront la forme d'une courbe.

DE LA ZÔNE.

On appelle *zône* une portion de la surface de la sphère comprise entre deux cercles parallèles ; le solide qu'elle enveloppe se nomme *segment sphérique*.

130. Dessinez une zône.

L'élève dessinera les arcs AB et CD qu'il joindra par les deux parallèles BED et AFC ; il dessinera ensuite les deux autres parallèles AHC et BGD.

DE LA CALOTTE SPHÉRIQUE.

On appelle *calotte sphérique* de la sphère, une surface coupée par un petit cercle quelconque ; le solide qu'elle enveloppe se nomme *secteur sphérique*.

131. Dessinez une calotte sphérique.

L'élève dessinera la portion de cercle ABC, puis le parallèle ADC, enfin l'autre parallèle AEC.

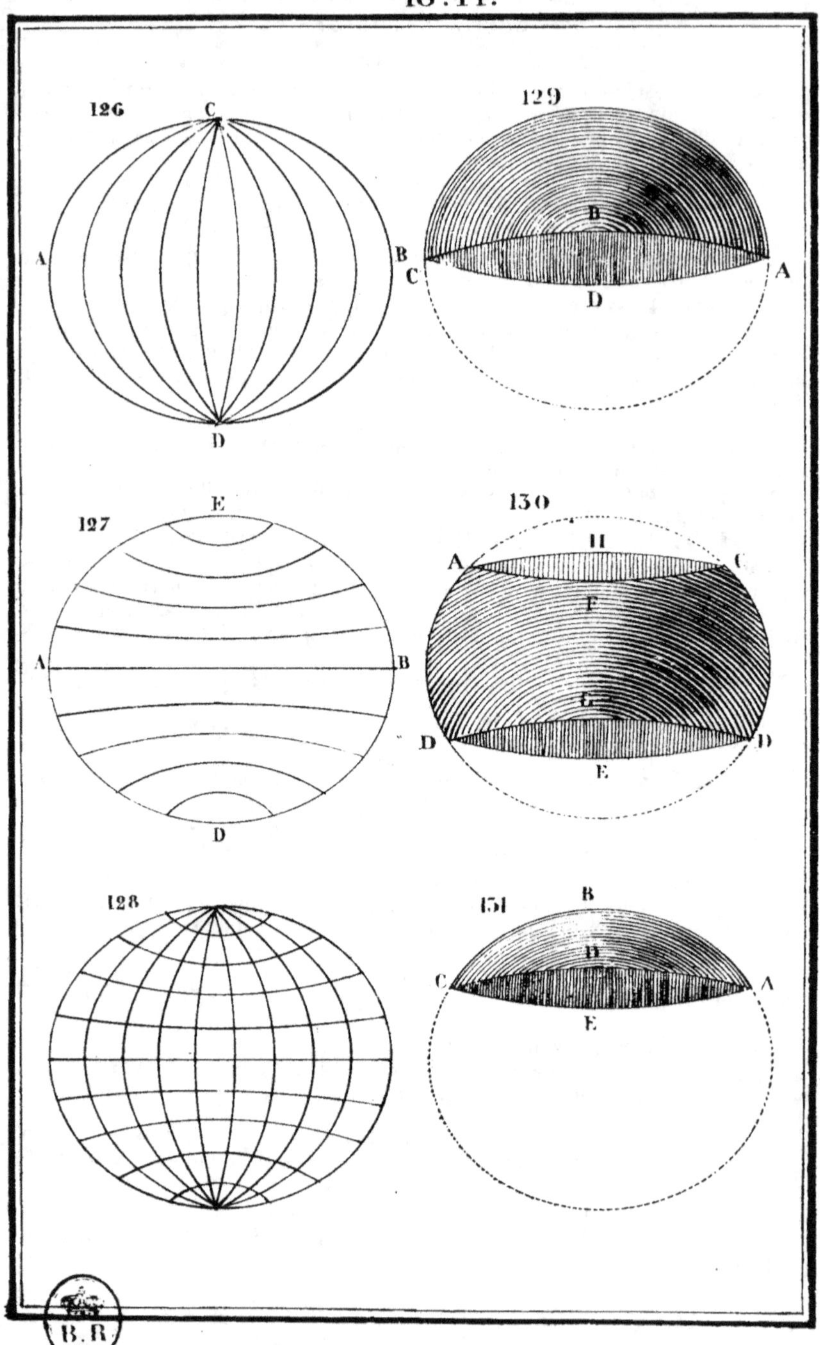

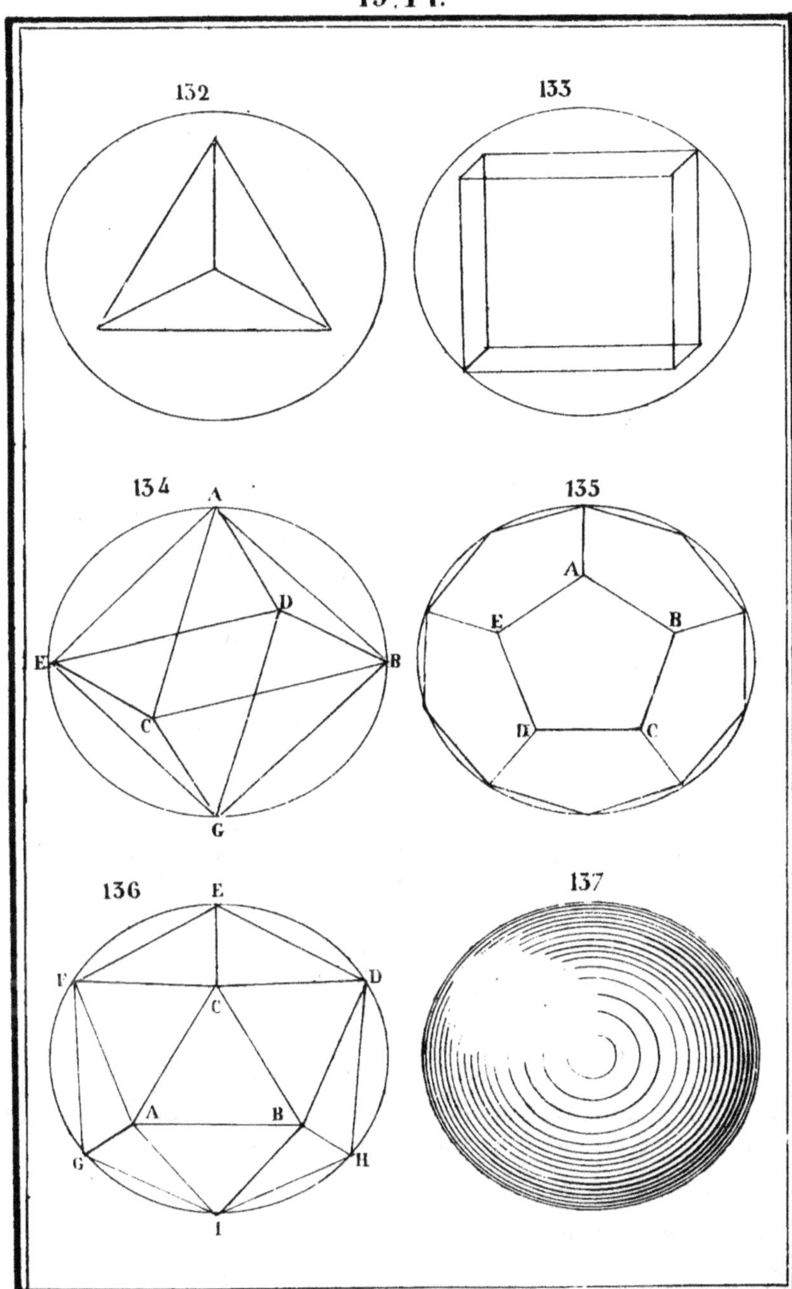

DES POLYÈDRES.

Les *polyèdres* sont des corps dont toutes les faces sont planes. Ils sont réguliers ou irréguliers. Les *polyèdres irréguliers* sont terminés par des faces dissemblables, on en trouve dans les minéraux et dans les cristallisations. Les *polyèdres réguliers* sont ceux dont toutes les faces sont parfaitement semblables.

On ne compte que cinq polyèdres réguliers : le *tétraède*, l'*hexaèdre*, l'*octaèdre*, le *dodécaèdre* et l'*icosaèdre*.

DU TÉTRAÈDRE.

Le *tétraèdre* est formé de quatre triangles équilatéraux, c'est une pyramide triangulaire dont la hauteur, la largeur et la longueur sont égales.

152. Dessinez l'élévation d'un tétraèdre.

L'élève dessinera une pyramide triangulaire comme il est indiqué à la figure 116.

DE L'HEXAÈDRE.

L'*hexaèdre* ou *cube* est formé de six carrés égaux. Un dé à jouer est un hexaèdre.

153. Dessinez l'élévation d'un hexaèdre.

La base de l'hexaèdre est un carré, mais en perspective elle prend la forme d'un parallélogramme ; ainsi l'élève dessinera un parallélogramme pour la base, il élèvera à chaque angle des verticales d'une longueur égale à la base, et joindra par des droites l'extrémité des verticales de deux en deux.

DE L'OCTAÈDRE.

L'*octaèdre* est formé de huit triangles équilatéraux.

154. Dessinez l'élévation de l'octaèdre.

L'élève dessinera les deux triangles équilatéraux ABC et DEG, comme l'indique la figure, il tirera ensuite les droites EA, BG, puis celles CG, CE ; DA et DB.

DU DODÉCAÈDRE.

Le *dodécaèdre* est formé de douze pentagones réguliers.

155. Dessinez l'élévation du dodécaèdre.

L'élève dessinera le pentagone ABCDE, à chaque angle il tirera des droites perpendiculaires aux côtés opposés à ces angles et chacune égale à la moitié de l'un des côtés, il construira un autre pentagone sur chaque côté du premier pentagone, ce sera la moitié de l'élévation du dodécaèdre.

DE L'ICOSAÈDRE.

L'*icosaèdre* est formé de vingt triangles équilatéraux.

156. Dessinez l'élévation de l'icosaèdre.

L'élève dessinera le triangle équilatéral ABC ; sur le côté AB il dessinera le pentagone ABDEF ; il mènera à AB la perpendiculaire CE ; il tirera les droites FC et CD, il obtiendra le quart de l'icosaèdre. Il dessinera sur AB le triangle ABI égal à ACF ; il mènera les perpendiculaires AG et BH égales à EC ; enfin il tirera les droites FG, GI, IH, HD, il aura la moitié de l'icosaèdre.

157. Dessinez une boule.

Il suffit de tracer une circonférence.

VINGTIÈME LEÇON.

SUITE DES SOLIDES.

DÉVELOPPEMENT DES POLYÈDRES.

Souvent il est utile d'exécuter les différents polyèdres et de s'en rendre compte pour le toisé, voici la manière de s'y prendre pour les développer : on trace la figure sur un carton ou sur du fort papier, on en découpe les contours et on coupe, avec une règle et un canif, la moitié de l'épaisseur du carton le long des lignes qui séparent chaque plan, enfin on joint les côtés qui doivent se toucher pour les coller.

158. Développez le tétraèdre.

L'élève dessinera quatre triangles équilatéraux ; il pourra les placer de deux manières, soit dans un seul triangle comme dans la figure 138, soit dans un parallélogramme comme dans la figure 138 bis.

159. Développez l'hexaèdre.

L'élève dessinera six carrés égaux, dont A sera la base inférieure et B la base supérieure.

140. Développez l'octaèdre.

L'élève tracera huit triangles équilatéraux. La disposition du tracé peut être faite d'une autre manière, mais cela ne fait rien aux conditions.

141. Développez le dodécaèdre.

L'élève dessinera douze pentagones réguliers égaux ; il pourra les réunir et en tracer six dans un grand ; les côtés du grand serviront de côtés à deux des pentagones inscrits et qui se réuniront au centre sur les cinq faces de celui qui aura servi de base.

142. Développez l'icosaèdre.

L'élève dessinera vingt triangles équilatéraux disposés en trois rangs.

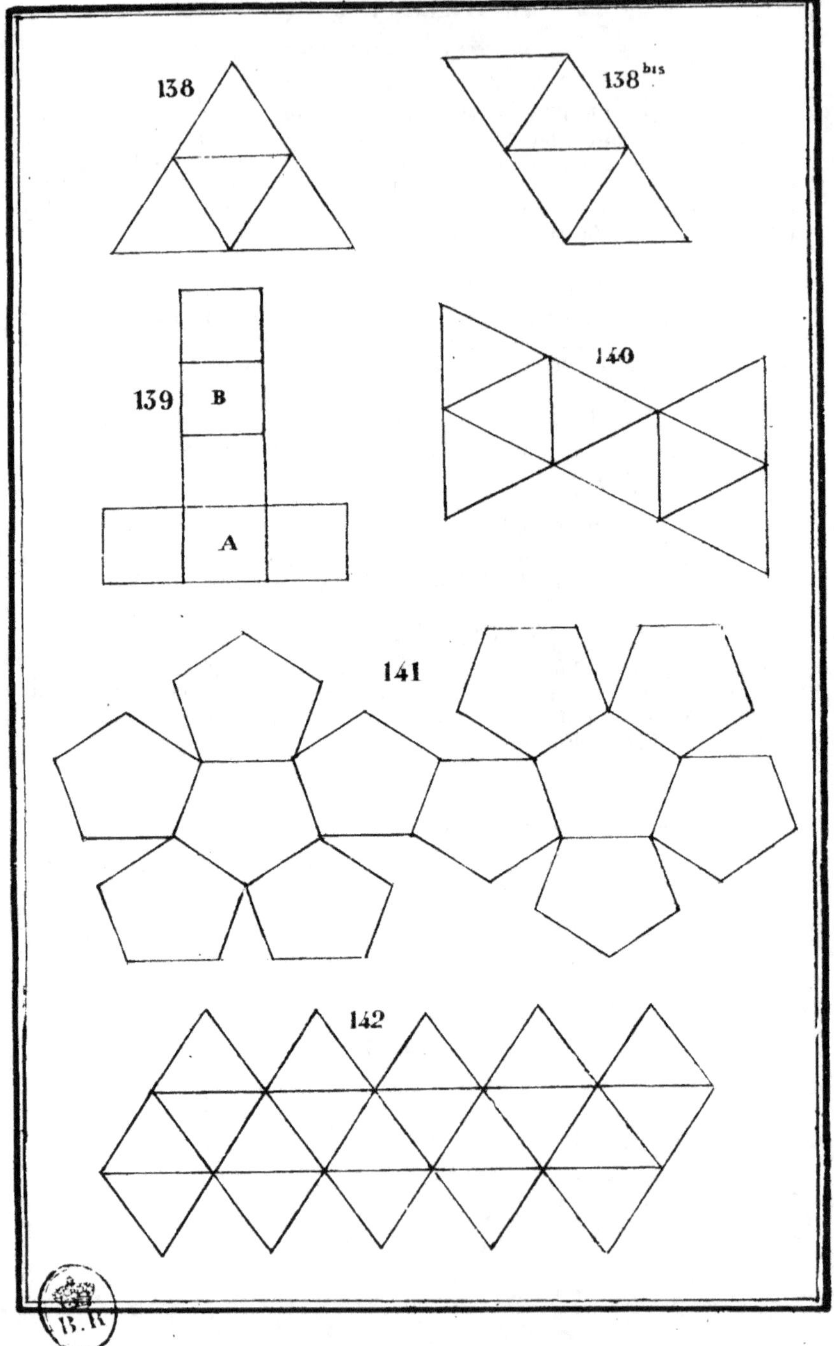
138
138 bis
139
B
A
140
141
142

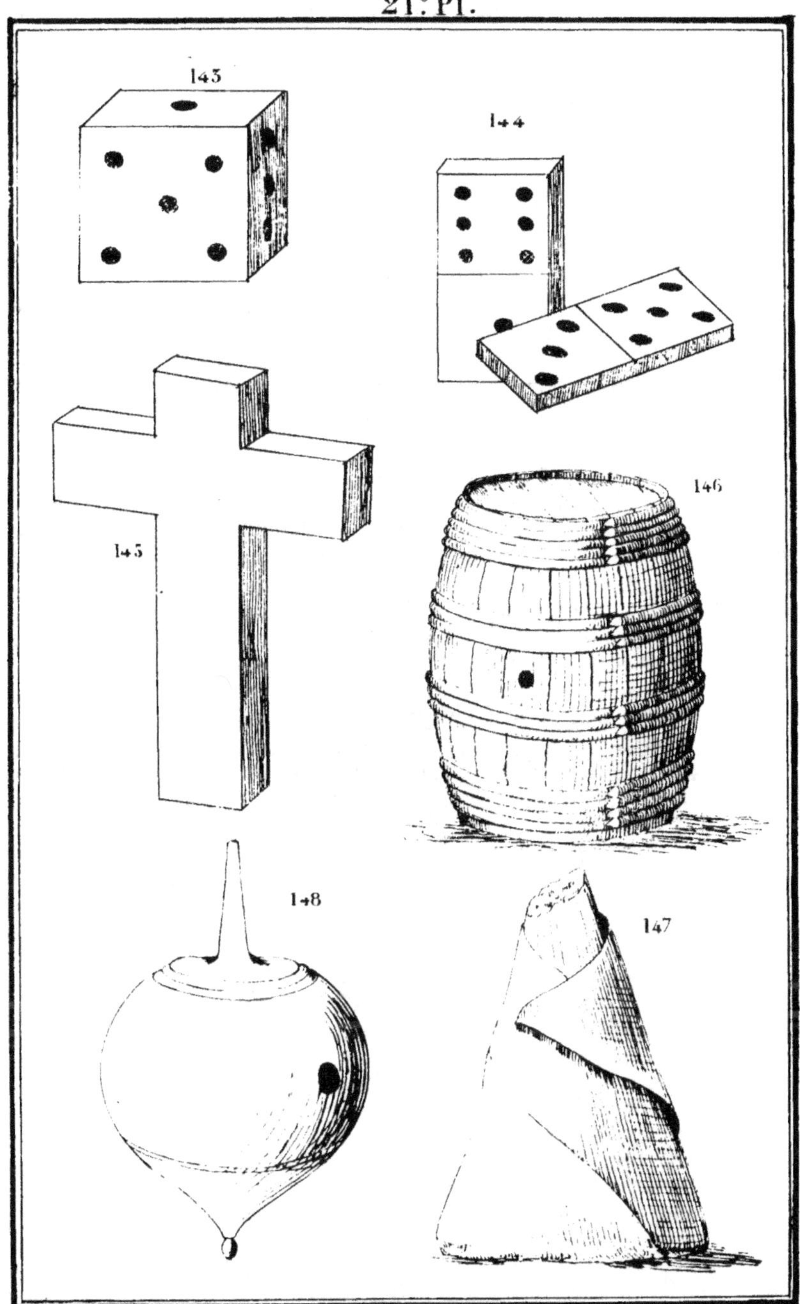

21.e Pl.
143
144
145
146
147
148

VINGT-UNIÈME LEÇON.

APPLICATION DE QUELQUES CORPS SOLIDES.

143. Dessinez un dé à jouer.

Un dé à jouer étant un cube formé par six carrés égaux, l'élève dessinera un cube.

144. Dessinez deux dominos à jouer.

Des dominos sont des parallélipipèdes ; l'élève en dessinera un dressé et l'autre obliquement.

145. Dessinez une croix en pierre ou en bois.

L'élève dessinera deux prismes quadrangulaires qui se croisent.

146. Dessinez un tonneau.

En partageant un tonneau par le milieu de la hauteur on obtient deux cônes tronqués ; l'élève dessinera l'ellipse du fond supérieur, puis les côtés, enfin les cercles, les douves et l'ouverture de la bonde.

147. Dessinez un pain de sucre.

Un pain de sucre étant un cône, l'élève construira un cône et dessinera ensuite le papier qui sert d'enveloppe.

148. Dessinez une toupie.

La toupie peut être considérée comme un corps solide coni-sphérique ; l'élève dessinera donc un cercle pour la partie sphérique, ensuite la pointe qui a la forme d'un cône, puis la queue qui se compose d'un cylindre.

Deuxième Partie

DESSIN LINÉAIRE GRAPHIQUE.

VINGT-DEUXIÈME LEÇON.
INSTRUMENTS GRAPHIQUES.

Pour le dessin linéaire à vue; l'élève n'a besoin que d'un crayon, mais pour le dessin linéaire graphique qui exige une grande précision, on emploie en outre, la *règle*, l'*équerre*, le *compas*, le *té*, la *planchette*, le *rapporteur*, etc.

DE LA RÈGLE.

La *règle* est une pièce mince de bois dur et bien poli dont les arêtes doivent être vives et nettes. Elle sert à tracer les lignes droites. Sur une de ses larges faces, il est bon d'y dessiner un double décimètre divisé en centimètres et millimètres.

149. Dessinez un décimètre avec ses centimètres et ses millimètres.

L'élève dessinera quatre horizontales de la longueur d'un décimètre; il tracera des verticales de la première horizontale à la dernière pour marquer les centimètres; il marquera les millimètres par des verticales de l'horizontale du bas à la seconde; enfin de l'horizontale du bas à la troisième il tirera des verticales pour marquer les demi-centimètres.

DE L'ÉQUERRE.

L'*équerre* est une pièce de bois mince ayant la forme d'un triangle rectangle. Elle sert à tracer les angles droits et les parallèles.

150. Dessinez une équerre.

L'élève dessinera un triangle rectangle isocèle.

DE LA PLANCHETTE ET DU TÉ.

La *planchette* est un assemblage de bois ayant la forme d'un carré bien régulier. Sur la planchette on colle les bords du papier sur lequel on veut dessiner.

Le *té* est un assemblage de deux règles qui se croisent carrément en T, la plus petite qui a le double d'épaisseur de la grande, offre une saillie; en glissant cette saillie le long d'un des côtés de la planchette, on trace des perpendiculaires le long de la grande règle.

151. Dessinez une planchette et son té.

Aucune difficulté pour la construction de ces deux figures.

DU COMPAS.

Le *compas* est un instrument composé de deux branches de cuivre garnies d'une pointe d'acier. Ces deux branches sont mobiles autour d'une charnière et peuvent s'écarter à volonté. Le compas sert à prendre des mesures et à tracer des circonférences.

152. Dessinez un compas.

L'élève dessinera d'abord la tête A, puis les branches en cuivre B, enfin les pointes C.

DU RAPPORTEUR.

Le *rapporteur* est un demi-cercle de cuivre ou de corne, sur la circonférence duquel on a marqué les 200 grades qui composent une demi-circonférence. Le rapporteur sert à mesurer les angles sur le papier et à en faire d'autres qui leur soient égaux.

153. Dessinez un rapporteur.

L'élève dessinera une demi-circonférence, qu'il partagera d'abord en deux parties égales, chaque moitié en dix parties égales, et enfin ces dernières encore en dix autres parties.

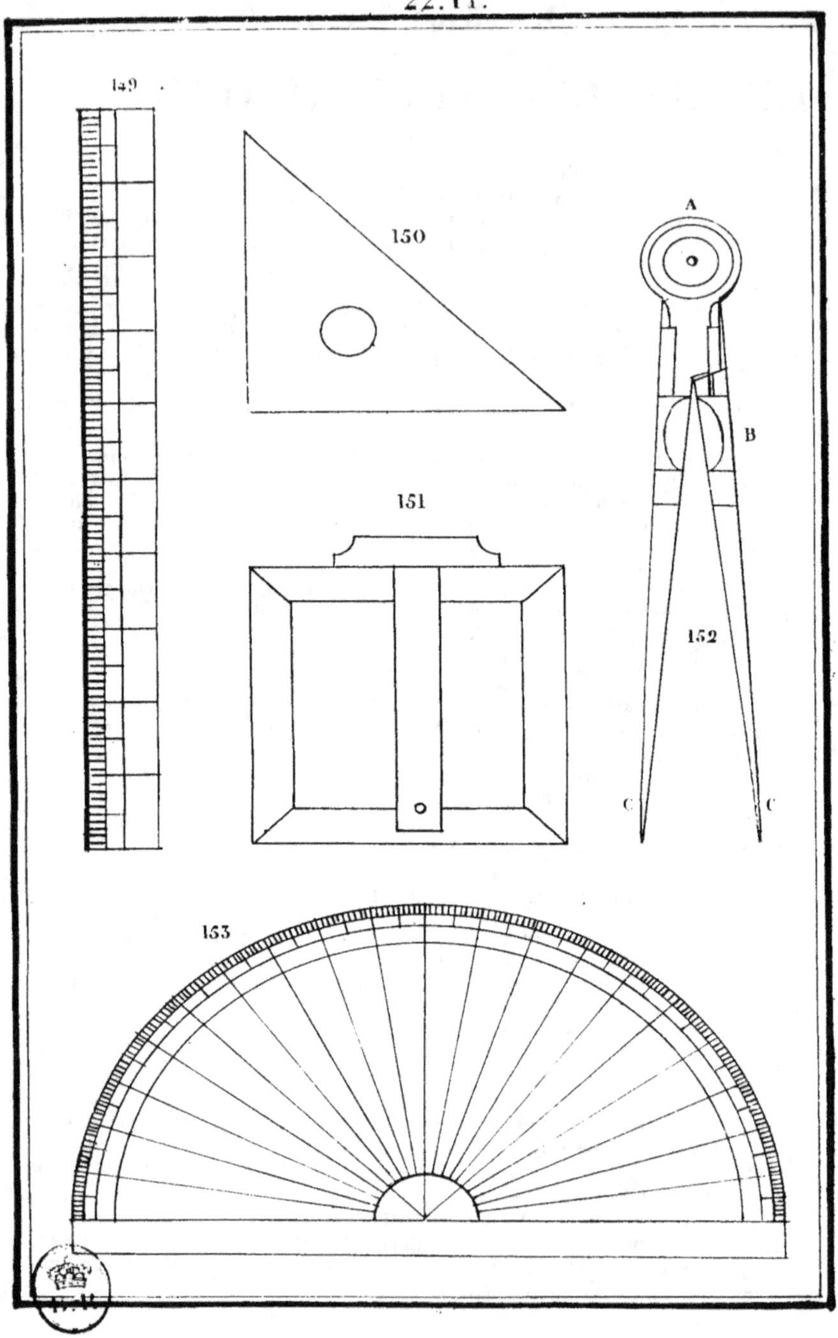

149
150
151
152
153
A
B
C C

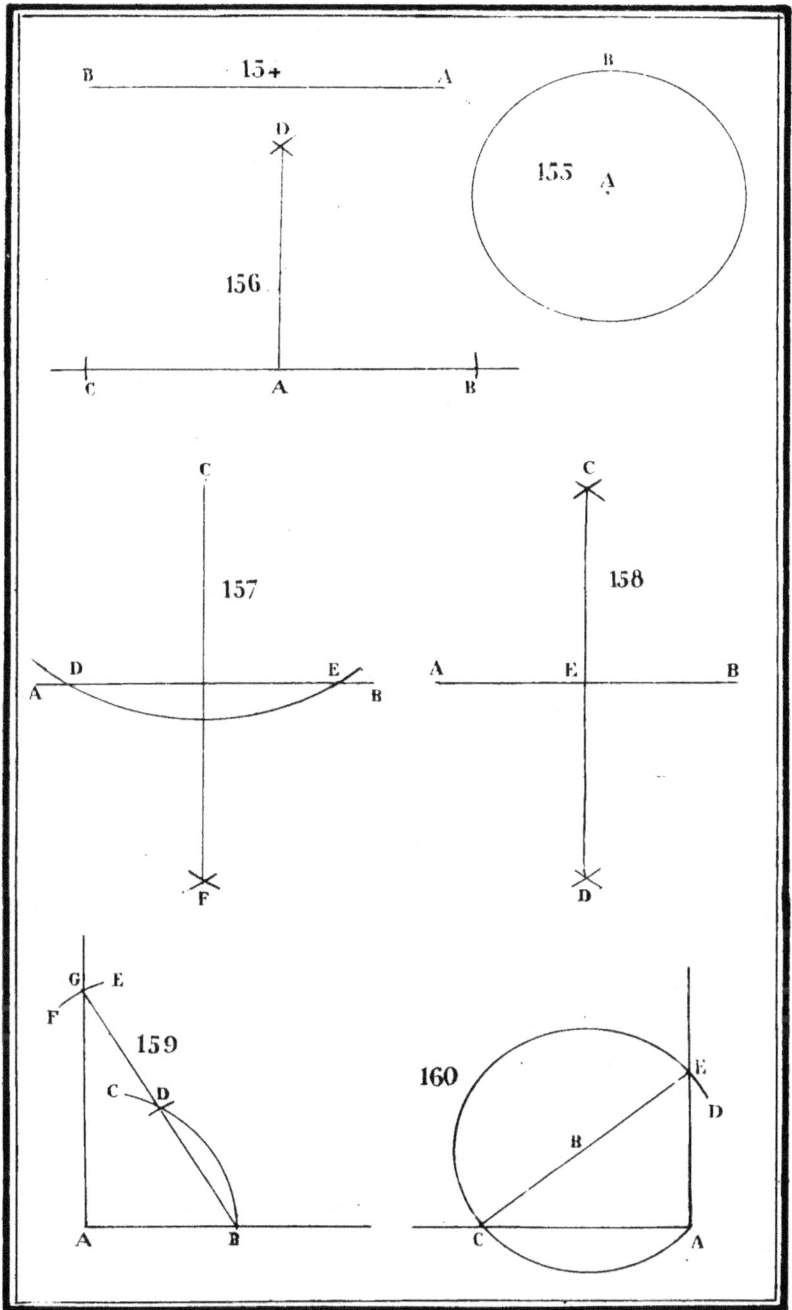
154
155
156
157
158
159
160

CONSTRUCTION DES LIGNES.

154. Tracez une ligne droite par deux points donnés.

Pour tracer une droite, l'élève appliquera la règle aux points donnés A, B, et glissera un crayon auprès de la règle, depuis le point A jusqu'au point B.

155. Tracez une circonférence, le rayon étant donné.

L'élève placera une des pointes du compas au point donné A, il ouvrira l'autre jusqu'au point B, et fera tourner la pointe sur A en appuyant légèrement.

CONSTRUCTION DES PERPENDICULAIRES.

156. Élevez une perpendiculaire à une droite par un point donné sur cette droite.

Soit A le point donné; l'élève portera AB égal à AC; des points C et B comme centres, avec un rayon plus grand que la distance AB, il décrira l'intersection D; il joindra DA, ce sera la perpendiculaire demandée.

157. Abaissez une perpendiculaire à une droite par un point donné en dehors de cette droite.

Soit donné le point C; de ce point avec un rayon plus grand que la distance de C à la droite AB, l'élève décrira l'arc de cercle DE; des points D et E, il décrira l'intersection F; il tirera la droite CF, ce sera la perpendiculaire demandée.

158. Partagez une droite en deux parties égales.

Soit AB la ligne droite donnée; des points A et B, comme centres, l'élève déterminera les intersections C et D, en dessus et en dessous de la droite AB; il tirera la droite CD qui partagera la droite AB en deux parties égales au point E.

159. Élevez une perpendiculaire à l'extrémité d'une droite qu'on ne peut prolonger.

Soit donné le point A; de ce point l'élève décrira un arc quelconque indéfini BC; il portera la distance AB, de B en D; et de D il décrira toujours avec le même rayon l'arc EF; il tirera la droite BD, qu'il prolongera jusqu'au point G; et joignant le point G au point A, il obtiendra la perpendiculaire demandée.

160. Élevez par un autre moyen une perpendiculaire à l'extrémité d'une droite.

Soit donné le point A; l'élève prendra un point quelconque B pour centre, et avec un rayon égal à la distance AB, il décrira la portion de circonférence ACD; il tirera la droite CB, qu'il prolongera jusqu'en E; ensuite joignant le point E au point A, il aura la perpendiculaire demandée.

VINGT-QUATRIÈME LEÇON.

CONSTRUCTION DES PARALLÈLES.

161. Par un point donné menez une parallèle à une droite.

Soient donnés la droite AB et le point C ; du point C, avec un rayon suffisamment grand, l'élève décrira l'arc indéfini DE ; du point D avec le même rayon, il décrira l'arc FC ; il prendra DG égal à CF ; par les points C et G il mènera la parallèle CG à AB.

162. Partagez, au moyen de parallèles, une droite donnée en plusieurs parties égales.

Soit donnée la droite AB à partager en cinq parties égales ; l'élève tirera l'oblique indéfinie AC, sur laquelle il portera cinq divisions égales, AD, DE, EF, FG, GH ; il joindra BH ; du point A avec la distance BH, et du point B avec la distance AH, il décrira l'intersection O ; il tirera AO et OB ; il portera sur cette dernière ligne les cinq mêmes divisions que sur AH ; il mènera les parallèles GL, FK, EJ, DI, qui partageront la droite AB en cinq parties égales aux points M, N, P, Q.

163. Partagez une droite en parties proportionnelles à trois droites données.

Soit donnée la droite AB, à partager en trois parties proportionnelles aux droites P, Q, R ; l'élève tirera la droite indéfinie AC ; il portera la ligne P de A en D, la ligne Q de D en E, la ligne R de E en F ; il joindra FB ; et menant par les points E, D, des parallèles à FB, il obtiendra la ligne AB, partagée en parties proportionnelles aux points G, H.

164. Menez des parallèles et des perpendiculaires avec une équerre.

Pour tracer des perpendiculaires avec l'équerre, l'élève appliquera l'un des côtés de l'angle droit LM, contre une des arêtes de la règle ; il appuiera un peu sur la règle, et faisant glisser légèrement l'équerre, il tracera des perpendiculaires avec le côté GL de l'angle droit, et il obtiendra des parallèles avec l'hypothénuse GM.

24.ᵉ Pl.

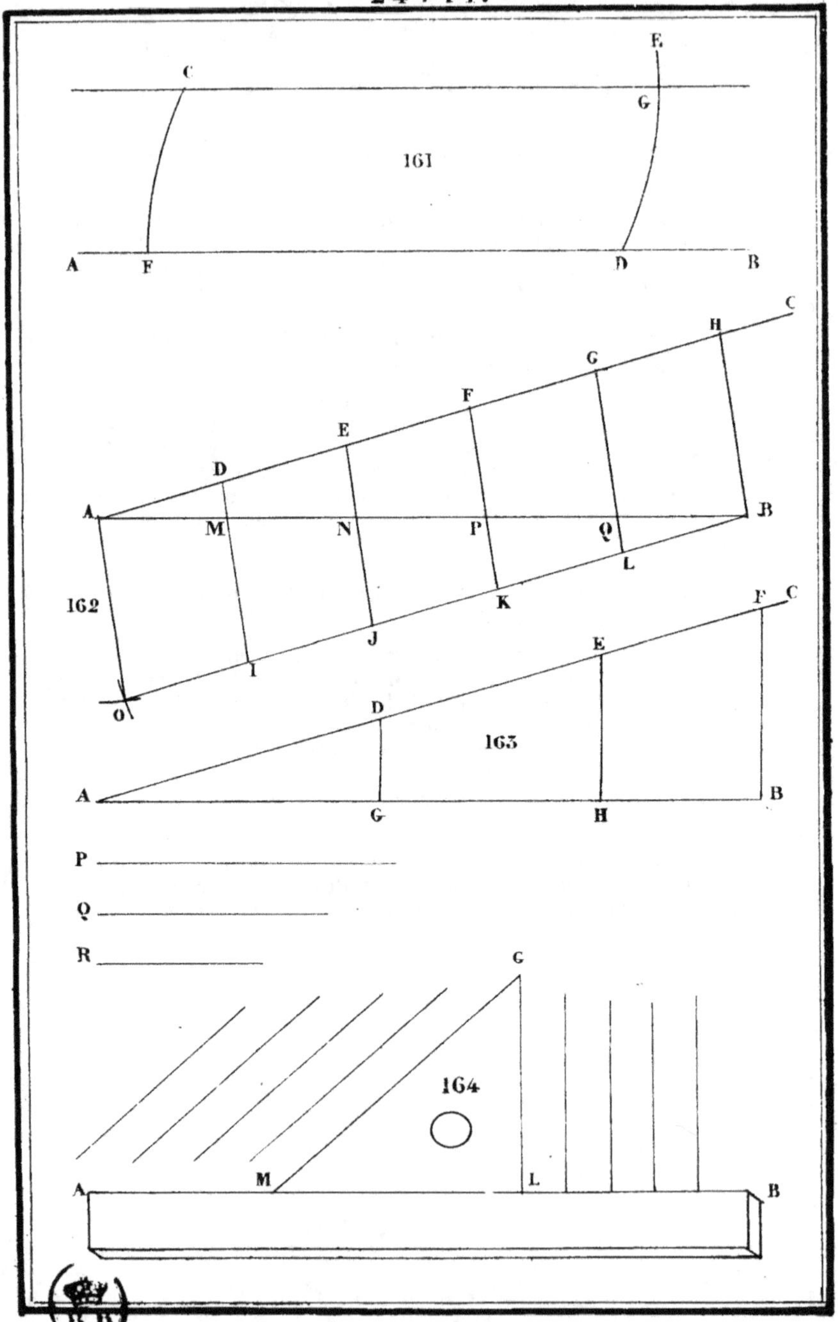

161
A F C D B
E G

162
A B C
D E F G H
M N P Q L
I J K
O

163
A B C F
D E G H

P
Q
R

164
A M L B
G

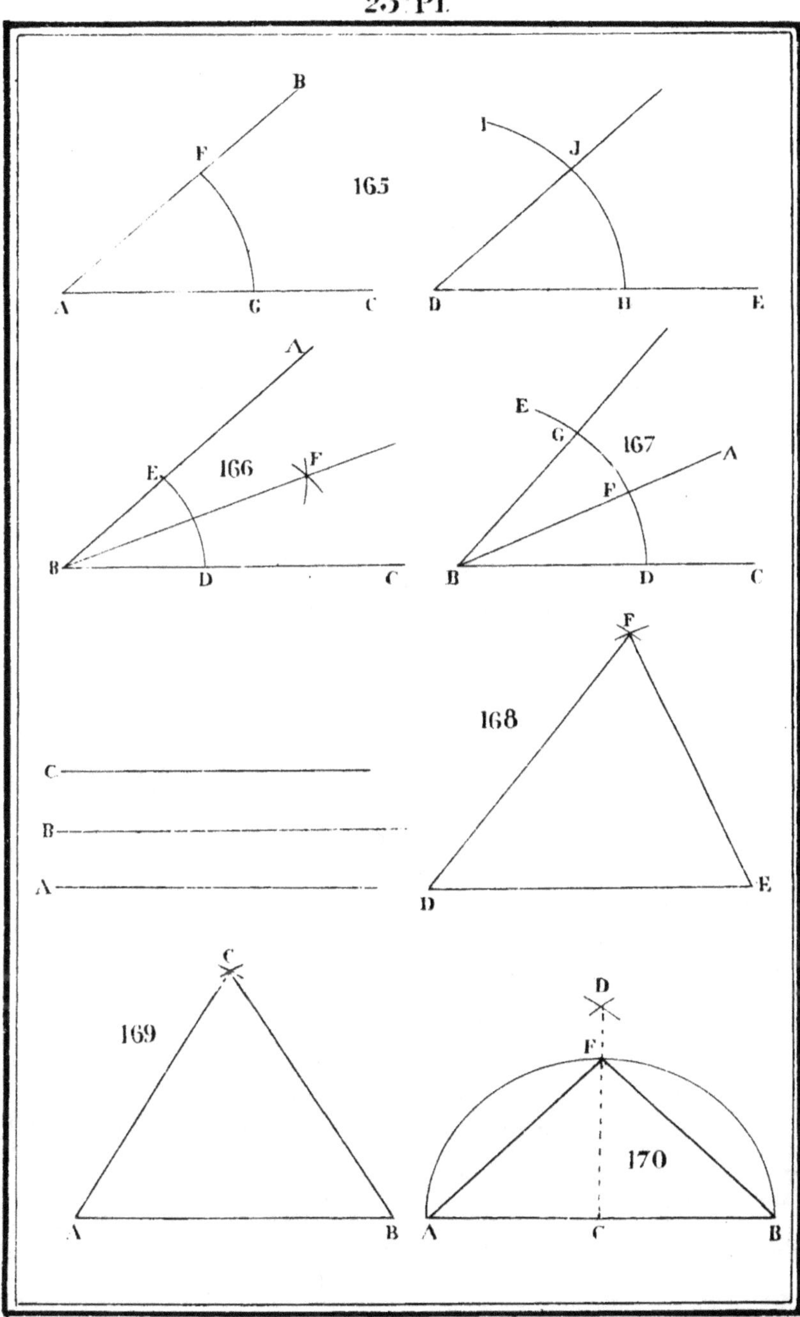
165
166
167
168
169
170

VINGT-CINQUIÈME LEÇON.

CONSTRUCTION DES ANGLES.

165. Faites un angle égal à un autre angle donné.

Soit BAC l'angle donné; l'élève tracera une droite quelconque DE ; du point A comme centre, il décrira à volonté l'arc GF ; du point D il décrira avec le même rayon l'arc indéfini HI ; il prendra HJ égal à GF ; il tirera la droite DJ, et l'angle JDE sera égal à l'angle BAG.

Pour faire avec le rapporteur un angle égal à un autre angle, l'élève appliquera le centre du rapporteur à l'angle A, il alignera la base horizontale du rapporteur sur la droite AC, et prendra l'ouverture en grades de l'angle BAC qu'il reportera exactement sur la droite DE.

166. Partagez un angle en deux parties égales.

Soit donné l'angle ABC à partager en deux parties égales; de l'angle B comme centre avec un rayon quelconque, l'élève décrira l'arc DE ; des points D et E comme centres, il déterminera l'intersection F ; il joindra le point B au point F, et l'angle ABC sera partagé en deux parties égales.

167. Doublez un angle.

Soit donné l'angle ABC à doubler ; du point B comme centre, avec un rayon quelconque, l'élève décrira l'arc indéfini DE ; il portera la corde DF de F en G; ensuite des points B et G, il tirera une droite ; l'angle GBC sera double de l'angle ABC, ou enfin l'angle GBA sera égal à l'angle ABC.

CONSTRUCTION DES TRIANGLES.

168. Construisez un triangle avec trois droites données.

Soient données les droites A, B et C; l'élève tirera la droite DE égale à la ligne A; du point D avec la longueur B, et du point E avec la longueur C, il décrira l'intersection F ; il joindra ensuite FD et FE, et le triangle sera construit.

169. Construisez un triangle équilatéral.

Soit donné le côté AB; des points A et B, avec une longueur égale à leur distance, l'élève déterminera l'intersection C ; il tirera ensuite CA et CB, et le triangle équilatéral sera construit.

170. Construisez un triangle rectangle isocèle dont la base horizontale soit l'hypothénuse.

Soit donnée la droite AB pour hypothénuse ; l'élève divisera cette droite en deux parties égales au point C ; de ce point il décrira, avec un rayon égal à AC, une demi-circonférence; il élèvera au point C la perpendiculaire CD qui coupera la circonférence en F ; il tirera ensuite les droites AF et FB, et le triangle sera construit ; il sera rectangle en F, de plus isocèle, puisque la ligne FA sera égale à FB.

CONSTRUCTION DES QUADRILATÈRES.

171. Construisez un carré sur une droite donnée.

Soit donnée la droite AB ; du point A, l'élève élèvera la perpendiculaire AC égale à AB ; des points C et B comme centres, avec un rayon égal à AB, il déterminera l'intersection D ; il tirera ensuite les droites DC et DB, le carré sera construit.

172. Doublez un carré.

Soit à doubler le carré ABCD ; l'élève mènera la diagonale AC, ce sera le côté d'un carré double du premier ; prenant cette diagonale pour côté, il formera le carré ACFE, et l'opération sera faite.

173. Construisez un rectangle avec deux droites données.

Soient données les droites A et B ; l'élève tracera la droite CD égale à la ligne A ; du point C, il élèvera la perpendiculaire CE égale à la ligne B ; du point D avec la longueur CE, et du point E avec la longueur CD, il déterminera l'intersection F ; il n'aura plus qu'à tirer les droites EF et FD, et le rectangle sera construit.

174. Construisez un parallélogramme étant donnés deux droites et un angle.

Soient données les droites AB et BC formant l'angle B ; l'élève tirera la droite DE égale à BC ; il décrira du point B, avec un rayon quelconque, l'arc FG ; du point D, avec le même rayon, il formera l'arc indéfini HI ; il portera GF de H en J ; il mènera DK égal à BA ; ensuite du point K avec la longueur BC, et du point E avec la longueur AB, il décrira l'intersection O ; il tirera OK et OE, et le parallélogramme sera construit.

175. Construisez un losange un côté étant donné.

Soit AB le côté donné ; l'élève tirera AC égal à AB de manière à former un angle quelconque A, pourvu que ce ne soit pas un angle droit ; des points C et B comme centre avec un rayon égal à AB, il déterminera l'intersection D ; il tirera CD et DB, et le losange sera construit.

176. Construisez un quadrilatère irrégulier semblable à un autre quadrilatère irrégulier donné, dans lequel il n'y a pas d'angle droit.

Soit donné le quadrilatère ABCD ; l'élève tirera la diagonale DB qui partagera ce quadrilatère en deux triangles inégaux ; ensuite il tracera EF égal à DB ; du point F avec la longueur BA, et du point E avec la longueur DA, il décrira l'intersection G ; il mènera les droites FG et GE ; puis du point F avec la longueur BC, et du point E avec la longueur DC, il décrira l'intersection H ; il n'aura plus qu'à tracer les droites FH et HE, et le quadrilatère FGEH sera égal au premier ABCD.

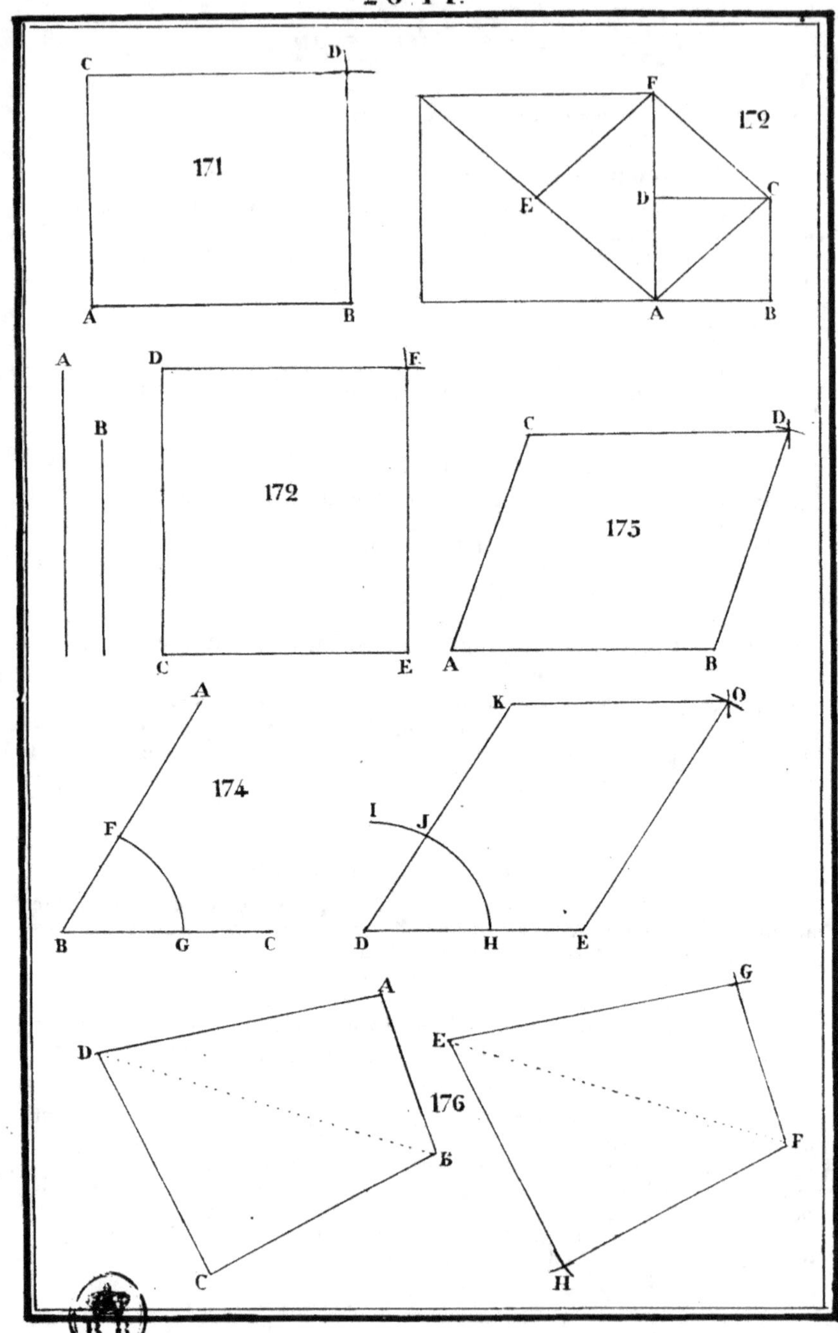

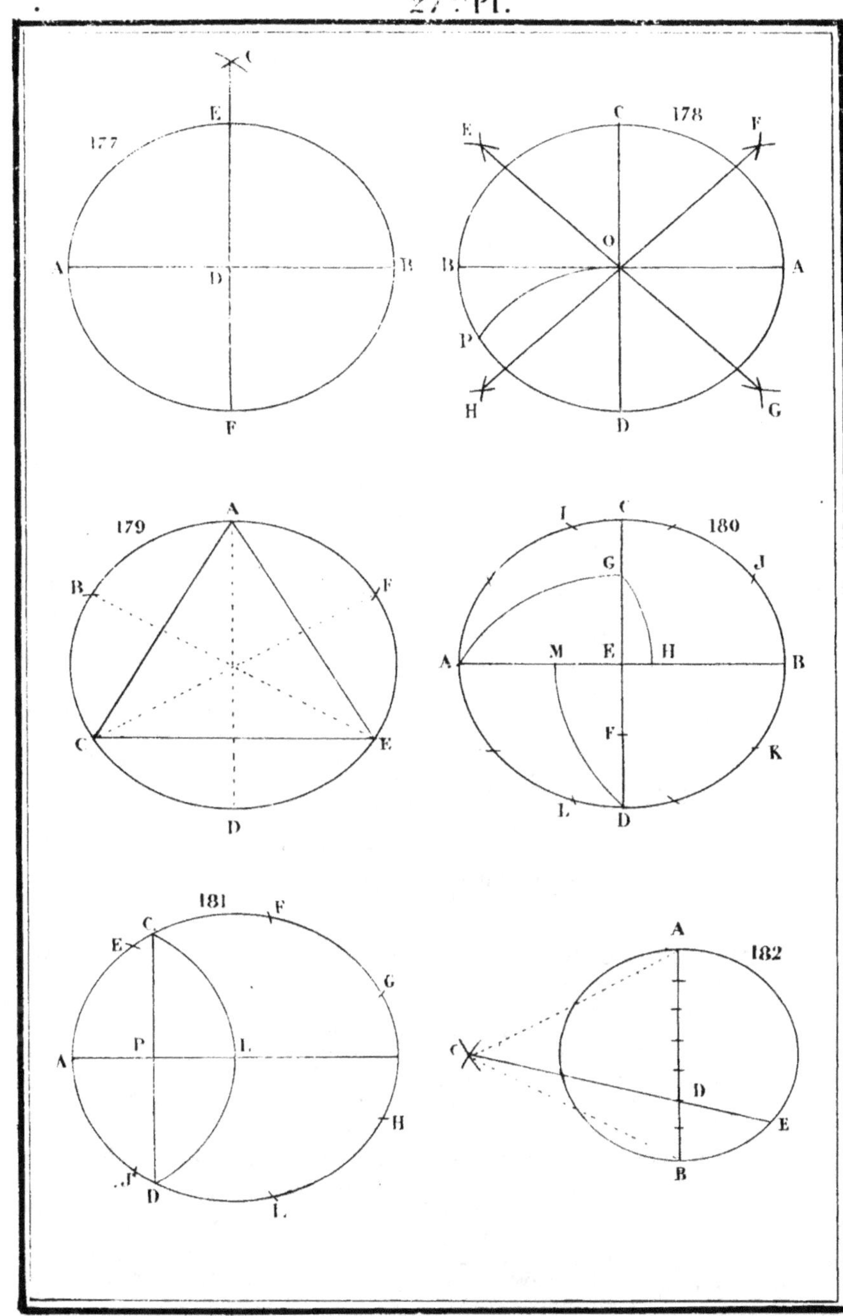
177
178
179
180
181
182

VINGT-SEPTIÈME LEÇON.

DIVISION DE LA CIRCONFÉRENCE EN PARTIES EGALES.

177. Partagez une circonférence en deux, puis en quatre parties égales.

L'élève ayant tracé la circonférence, tirera le diamètre horizontal AB qui partagera le cercle en deux parties égales.

Pour partager une circonférence en quatre, des points A et B, avec un rayon suffisamment grand, il décrira le point d'intersection C; il tirera un autre diamètre passant par le centre du cercle et par le point d'intersection C; la circonférence sera partagée en quatre parties égales aux points A, E, B, F.

178. Partagez une circonférence en huit et en douze parties égales.

L'élève partagera de la manière précédente la circonférence en quatre parties égales, aux points C, A, D, B; il ne restera plus qu'à diviser chaque arc de la circonférence en deux parties égales; pour cela, des points C, A, D, B, avec un rayon quelconque, il décrira les intersections E, F, G, H; et tirant les droites EG et FH, le cercle sera partagé en huit parties égales. Pour partager la circonférence en 12 parties égales, du point D il décrira l'arc OP; l'arc BP sera la 12e partie de la circonférence.

179. Partagez une circonférence en trois et en six parties égales.

L'élève, ayant tracé la circonférence, portera six fois la longueur du rayon sur la circonférence aux points A, B, C, D, E, F; elle sera partagée en six parties égales; elle se trouvera également partagée en trois parties aux points A, C, E, ou aux points B, D, F.

180. Partagez une circonférence en cinq, en dix et en quinze parties égales.

L'élève ayant tracé la circonférence, tracera deux diamètres qui se couperont perpendiculairement en E; il partagera le rayon ED en deux parties égales au point F; de ce point et de l'intervalle FA, il décrira l'arc AG; du point A, et de l'intervalle AG, il décrira l'arc GH; en portant cinq fois la longueur AH sur la circonférence, il la partagera en cinq parties égales aux points A, I, J, K, L.

Pour la diviser en dix parties égales, il partagera en deux chaque arc AI, IJ, etc. Pour la diviser en quinze parties, du point B comme centre, il décrira l'arc DM; la distance EM, sera la corde de la quinzième partie de la circonférence.

181. Divisez une circonférence en sept et en quatorze parties égales.

L'élève ayant tracé la circonférence, tirera le rayon AI; du point A, avec l'intervalle AI, il décrira l'arc CID; il mènera la droite CD, coupant la droite AI au point P; il portera sept fois la distance PD sur la circonférence pour la partager en sept parties égales aux points A, E, F, G, H, I, J.—Pour la partager en quatorze parties, il divisera en deux chaque arc AE, EF, etc.

182. Divisez une circonférence en un nombre quelconque de parties, en 7, par exemple.

L'élève tirera le diamètre AB qu'il partagera en 7 parties égales; des points A et B avec un rayon égal à ce diamètre, il déterminera le point d'intersection C; par le point C et par la deuxième division D du diamètre il mènera la droite CE; l'arc BE sera la 7e partie de la circonférence.

VINGT-HUITIÈME LEÇON.

CONSTRUCTION DES TANGENTES.

183. Menez une tangente à un cercle par un point donné sur la circonférence.

Soit A le point donné ; l'élève tirera le rayon DA qu'il prolongera d'autant jusqu'en F ; par le point A, il élèvera la perpendiculaire HI ; ce sera la tangente demandée.

184. Menez deux tangentes à un cercle par un point pris en dehors de la circonférence.

Soit A le point donné ; l'élève joindra ce point au centre B ; il partagera cette droite en deux parties égales au point C ; de ce point, comme centre, il décrira l'arc de cercle EBF ; les points E, F, seront les points de contact, il tirera pour tangentes les droites AE et AF.

CONSTRUCTION DES ARCS DE CERCLE.

185. Tracez plusieurs arcs de cercle passant par deux points donnés.

Soient donnés les points A, B ; l'élève tirera la droite AB, qu'il partagera en deux parties égales par la perpendiculaire CD ; et prenant sur cette perpendiculaire un point quelconque E comme centre, avec un rayon égal à EA, il décrira l'arc de cercle AIB ; prenant un autre point F, toujours sur la perpendiculaire, avec un rayon FA, il décrira l'arc AJB ; ainsi de suite.

186. Tracez un arc de cercle passant par trois points donnés, ou achevez une circonférence commencée.

Soient donnés les points A, B, C ; l'élève mènera les droites AB et BC ; sur le milieu de chacune il élèvera les perpendiculaires ED, FG, se coupant au point H ; ce point sera le centre de l'arc qui devra passer par les trois points ABC.

On emploie cette méthode pour tracer les méridiens et les parallèles d'une sphère.

187. Retrouvez le centre d'un cercle.

L'opération est la même que celle de la figure précédente ; l'élève choisira à volonté trois points sur la circonférence.

CONSTRUCTION D'UNE SPIRALE.

188. Tracez une ligne spirale.

L'élève tirera la droite AB ; d'un point quelconque C pris sur cette droite, avec un rayon à volonté CD, il décrira la demi-circonférence DE ; du point D avec un rayon égal à DE, il tracera le demi-cercle EF ; du point C avec le rayon CF, il décrira la demi-circonférence FG ; du point D avec le rayon DG, il décrira l'arc GH, ; ainsi de suite, en changeant de centre et de rayon, après le tracé de chaque demi-circonférence.

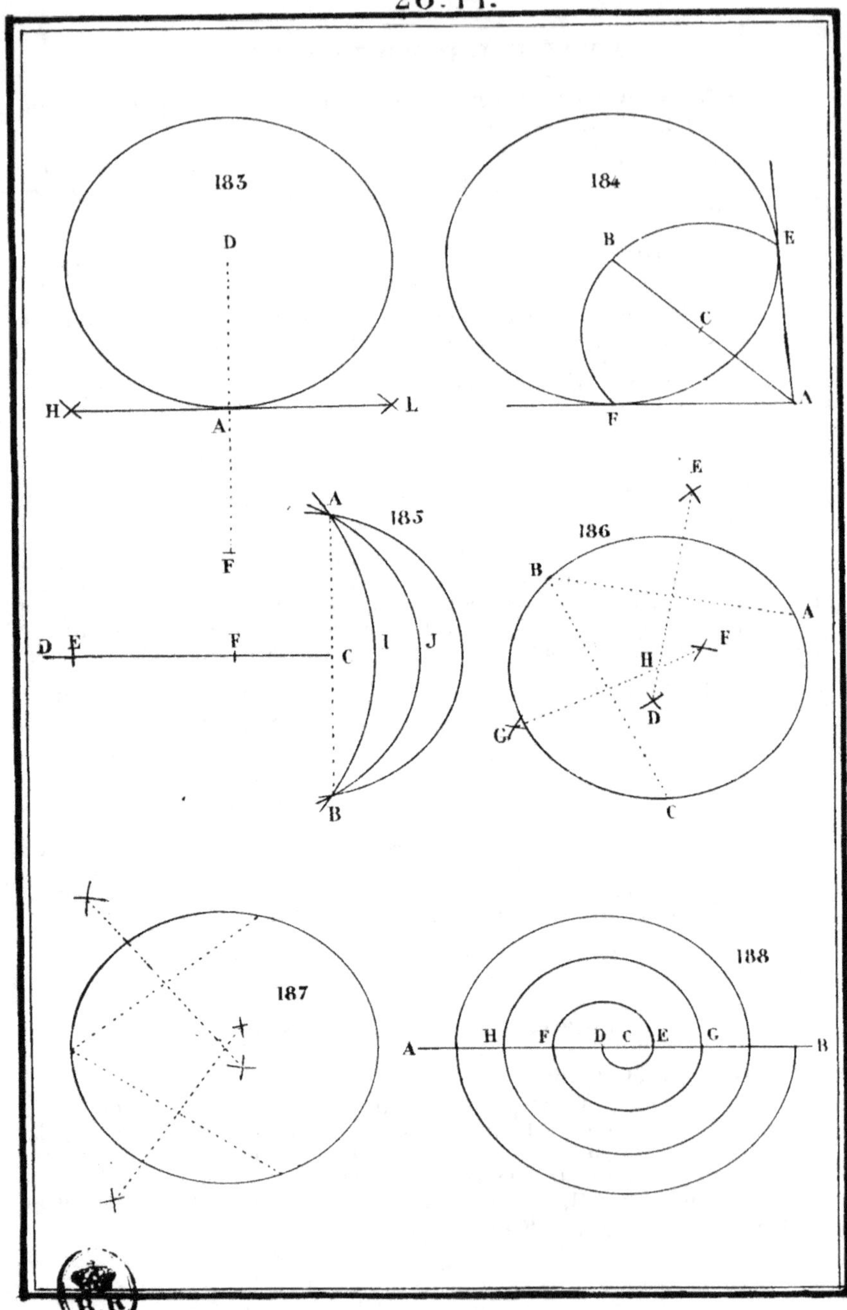
183
D
H L
A
184
B
E
C
A
F
185
A
D E F C I J
B
186
E
B
A
H F
D
G
C
187
188
A H F D C E G B

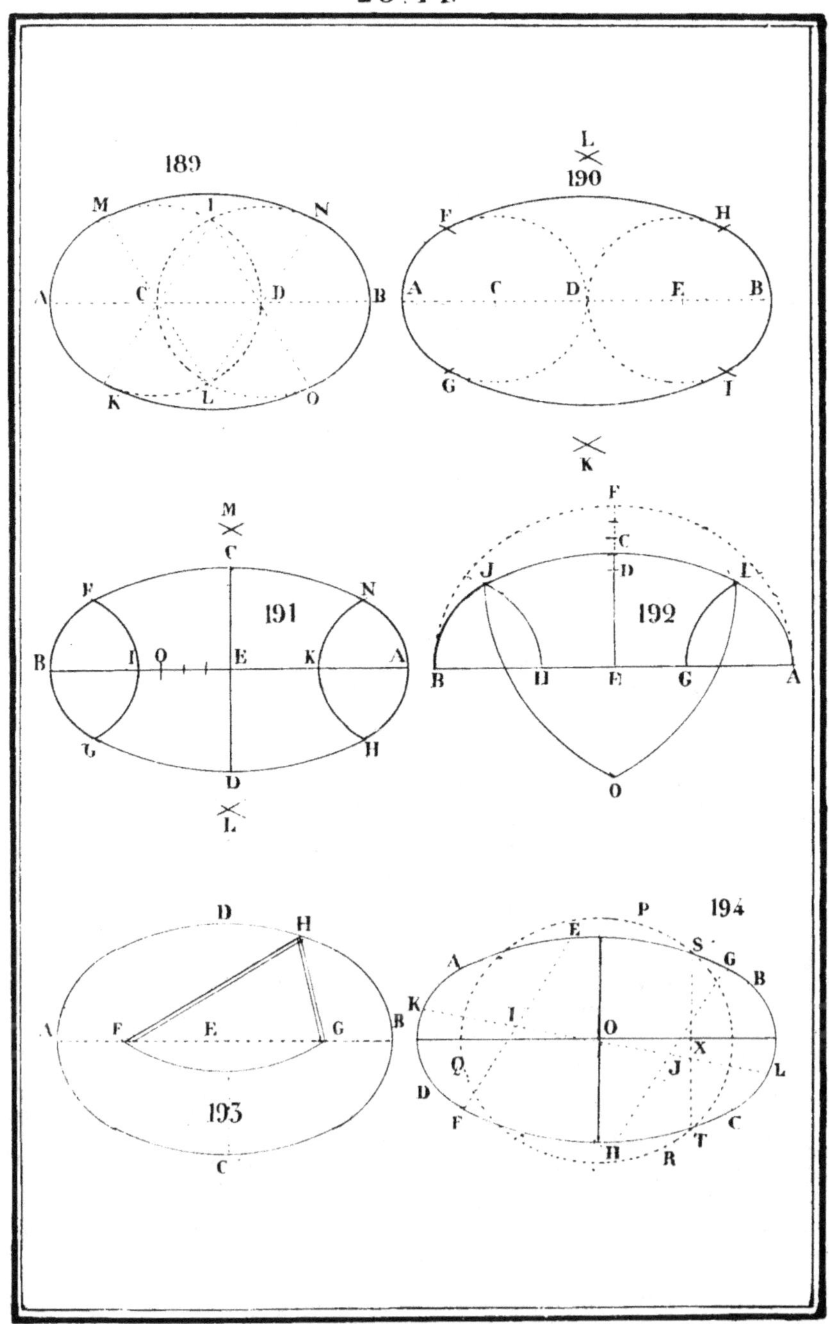
189
190
191
192
193
194

VINGT—NEUVIÈME LEÇON.

CONSTRUCTION DES ELLIPSES.

189. Construisez une ellipse ordinaire.

L'élève tirera la droite AB qu'il divisera en trois parties égales AC, CD, DB ; des points C et D avec le rayon AC, il décrira deux cercles qui se couperont en I et en L ; de ces deux points avec le rayon LM, il décrira les arcs MN et KO, et l'ellipse sera terminée.

190. Construisez une ellipse allongée.

L'élève tirera la droite AB qu'il partagera en quatre parties égales, AC, CD, DE, EB ; des points C et E avec le rayon AC, il formera deux cercles tangents en D ; avec le même rayon AC, il déterminera des centres A et B, les points F, G, H, I ; de ces points avec le rayon AE égal aux trois quarts de l'axe AB, il déterminera les points d'intersection K, L ; du point K il décrira l'arc FH, et du point L il décrira l'arc GI.

191. Dessinez une ellipse dont les deux axes sont donnés.

Soient AB le grand axe et CD le petit, lesquels axes se coupent à angles droits au point E ; l'élève portera CE de B en O ; il divisera en trois parties égales la distance OE ; il portera une de ces divisions de O en I ; du point B et du point I avec un rayon égal à leur distance, il tracera les arcs FIG, FBG ; il construira les deux mêmes arcs au point A ; ensuite des points N et F, G et H avec un rayon égal à NF, il déterminera les points d'intersection M, L ; de ces deux points comme centres, il décrira les arcs FCN et HDG.

192. Dessinez une ellipse, dite anse de panier.

Soient AB le grand axe, et CE le petit, perpendiculaires au milieu E de AB ; du point E comme centre avec un rayon égal à EA, l'élève décrira le demi-cercle AFB ; il divisera en trois parties égales l'espace FC, qui sera la différence des deux axes ; il portera une de ces parties de C en D ; des points A et B comme centres avec un rayon égal à ED, il décrira les arcs GI et JH ; des points G et H comme centres avec le même rayon, il tracera les arcs AI et JB ; ensuite des points I et J avec un rayon égal à leur distance, il décrira le point d'intersection O ; de ce point avec le même rayon, il tracera l'arc ICJ, et l'ellipse sera terminée.

193. Dessinez l'ellipse de jardinier.

L'élève tracera deux diamètres perpendiculaires AB et CD ; du point D avec un rayon égal à AE, moitié de AB ; il décrira l'arc FG, il prendra ensuite un cordeau de deux fois la longueur AG ; il en fixera les bouts, l'un en F, l'autre en G, et faisant glisser une pointe à tracer dans le pli H du cordeau, il décrira l'ellipse de jardinier.

194. Retrouvez le centre et les deux axes d'une ellipse.

Soit donnée l'ellipse ABCD ; l'élève mènera à volonté les deux parallèles EF, GH ; il coupera ces deux parallèles en deux parties égales, en I et en J ; il tirera la ligne KIJL ; il la coupera en deux parties égales au point O, ce sera le centre de l'ellipse ; du point O, il décrira à volonté un cercle PQR coupant l'ellipse en T et en S ; par ces deux intersections il tirera la droite ST ; il la coupera en deux parties égales au point X ; il obtiendra le grand axe en tirant une droite par les points X, O ; et il aura le petit axe en menant par le centre O, une parallèle à la ligne ST.

Troisième Partie.

ARPENTAGE.

TRENTIÈME LEÇON.

DES INSTRUMENTS D'ARPENTAGE.

L'arpentage est l'art de mesurer les surfaces, au moyen de plusieurs instruments dont les principaux sont la *chaîne d'arpenteur*, les *fiches*, les *jalons*, *l'équerre d'arpenteur*, le *graphomètre*, la *boussole*, le *niveau*, etc.

DE LA CHAÎNE D'ARPENTEUR.

La *chaîne d'arpenteur* est fixée pour toute la France à un décamètre de longueur, elle est divisée en cinquante doubles décimètres liés les uns aux autres par des anneaux en cuivre. Il y a un anneau plus gros pour marquer chaque mètre. Il y a à chaque bout une poignée faisant partie de la longueur de la chaîne, assez grande pour y passer deux ou trois doigts. La chaîne d'arpenteur sert à mesurer les grandes distances.

195. Dessinez une chaîne d'arpenteur.

DES FICHES.

Les *fiches* sont ordinairement en fil de fer d'un demi-mètre de hauteur; elles sont pointues d'un bout et portent un anneau à l'autre extrémité; il en faut dix pour mesurer avec la chaîne.

196. Dessinez une fiche d'arpenteur.

DES JALONS.

Les *jalons* sont des morceaux de bois blanc d'un mètre et demi de longueur, ils sont ronds ou octogonaux, un bout est refendu pour mettre un morceau de papier et l'autre extrémité porte un sabot en fer pour être enfoncé dans la terre. Les jalons servent à tracer une ligne droite sur le terrain, ou à faire remarquer les angles.

197. Dessinez un jalon.

DE L'ÉQUERRE D'ARPENTEUR.

L'équerre d'arpenteur est en cuivre, sa forme est ronde ou à huit pans; elle a quatre fentes perpendiculaires qui servent de pinnules, afin de prolonger le rayon visuel. Au-dessous et au centre de l'instrument, se monte à vis une douille qui sert à soutenir l'équerre sur son pied. L'équerre d'arpenteur sert à élever des perpendiculaires sur le terrain.

198. Dessinez l'élévation et le plan d'une équerre d'arpenteur.

DU GRAPHOMÈTRE.

Le *graphomètre* est un instrument dont on se sert pour mesurer les angles sur le terrain, il se compose d'un demi-cercle en cuivre divisé en 200 grades comme le rapporteur, il a deux règles dont l'une AA est fixe, et l'autre B nommée *alidade* est mobile, et tourne autour du centre C du graphomètre. Aux extrémités de chacune de ces règles se trouvent perpendiculairement deux platines de cuivre appelées pinnules, percées du haut en bas dans leur milieu par une fenêtre garnie d'un fil vertical. Le graphomètre porte une *boussole* D, et se meut sur un genou qui consiste en une boule de cuivre fixée au centre et au-dessous de l'instrument; cette boule tourne dans tous les sens. Le graphomètre est porté par un trépied.

199. Dessinez le plan d'un graphomètre.

200. Dessinez le trépied d'un graphomètre.

201. Dessinez un niveau d'eau.

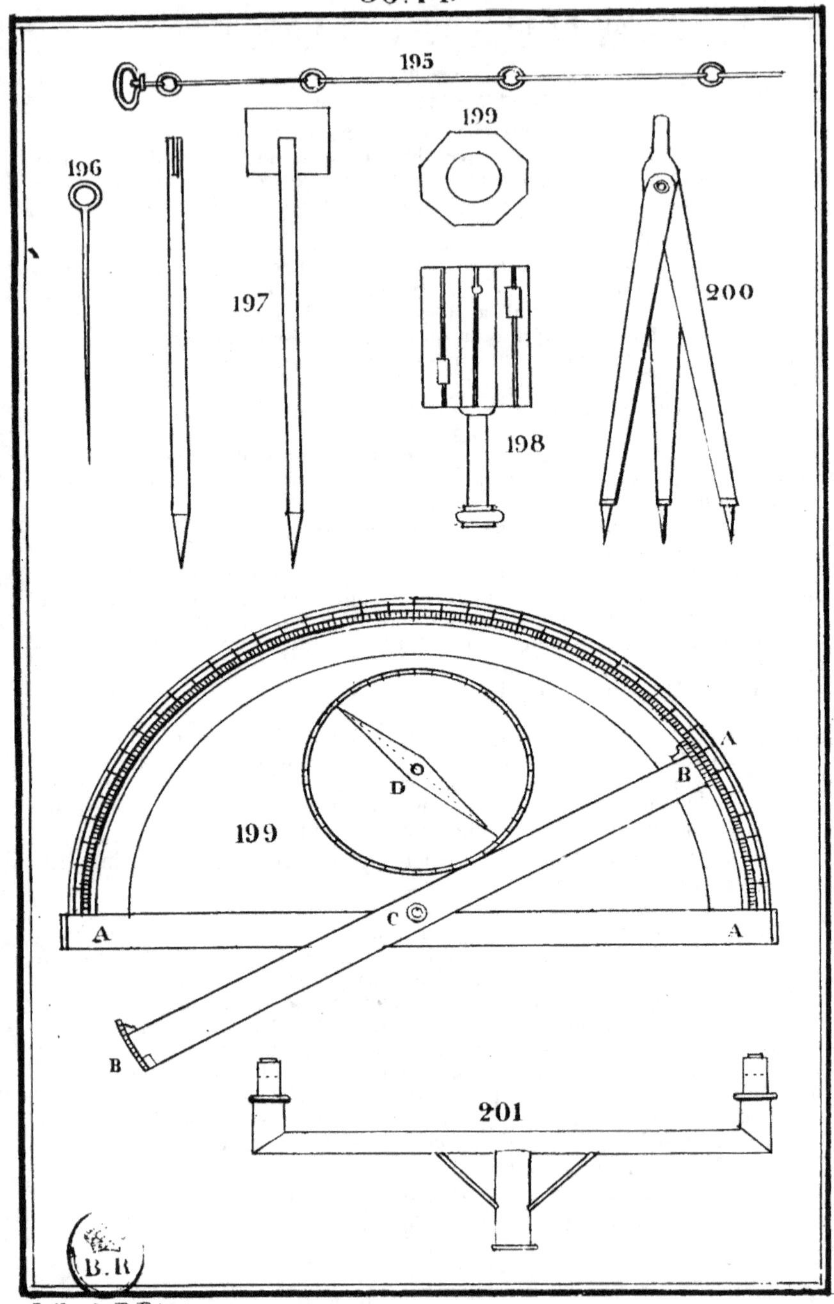

Lith. de P. Bineteau

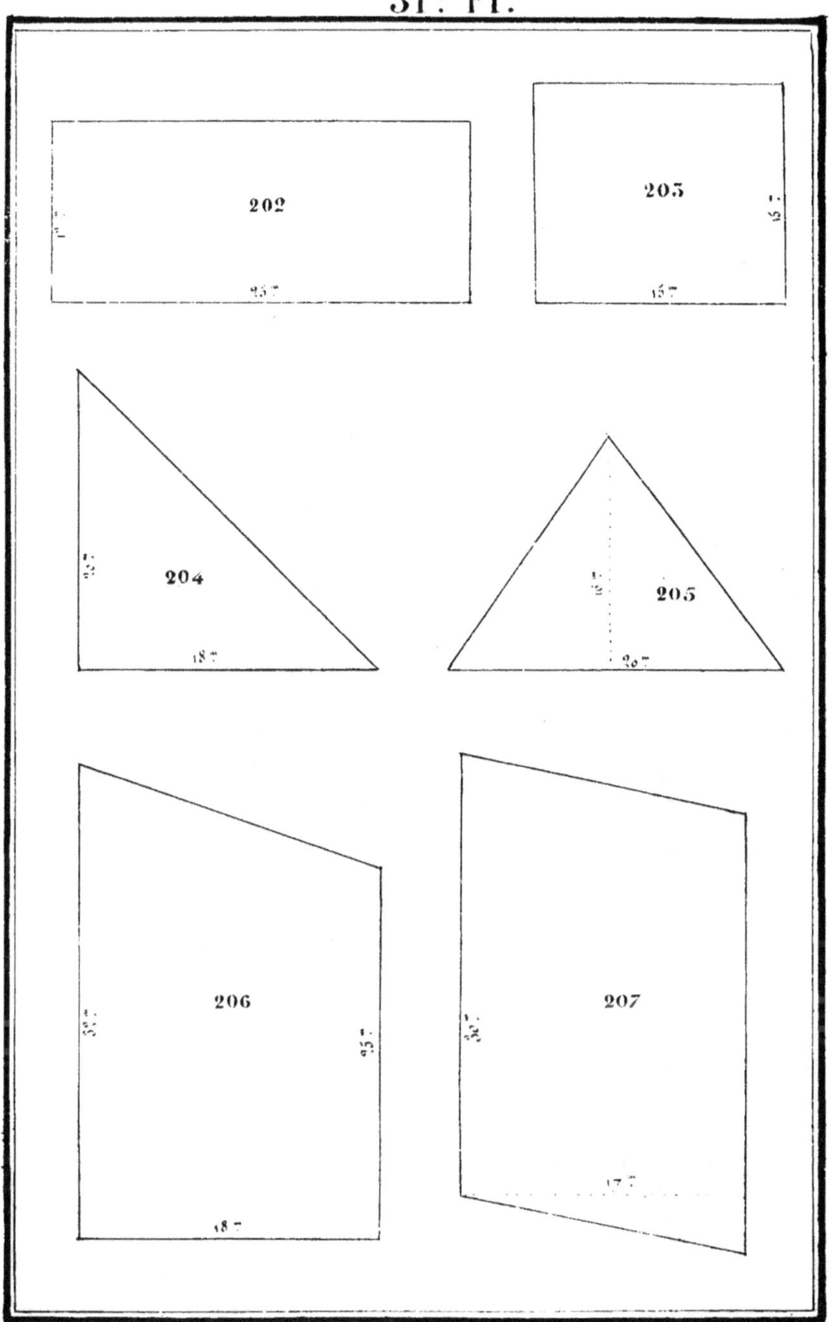

202
203
204
205
206
207
Lith. de P. Bineteau.

TRENTE-UNIÈME LEÇON.

MESURE DES SURFACES.

Mesurer une surface, c'est chercher combien de fois elle contient une autre surface prise pour unité; dans l'arpentage on a choisi pour unité l'*are* ou *carré métrique* dont chaque côté a un décamètre, il vaut cent mètres carrés.

DU RECTANGLE.

La mesure du *rectangle* s'obtient en multipliant la base par la hauteur.

202. Mesurez la surface d'un rectangle dont la base est de 25 mètres et la hauteur de 12 mètres.

L'élève multipliera 25 par 12 et obtiendra une surface de 300 mètres carrés ou 3 ares.

DU CARRÉ.

La mesure du *carré* s'obtient en multipliant l'un de ses côtés par lui-même.

203. Mesurez la surface d'un carré dont chaque côté a 15 mètres.

L'élève multipliera 15 par 15 et obtiendra une surface de 225 mètres carrés ou 2 ares 25 centiares.

DU TRIANGLE RECTANGLE.

La mesure d'un *triangle rectangle* s'obtient en multipliant les deux côtés qui forment l'angle droit et en prenant ensuite moitié du produit.

204. Mesurez la surface d'un triangle rectangle dont un côté formant l'angle droit a 20 mètres et l'autre 18.

L'élève multipliera 20 par 18, il obtiendra un produit de 360 mètres qu'il divisera par 2, ce qui donnera un produit net de 180 mètres carrés ou 1 are 80 centiares.

DU TRIANGLE QUELCONQUE.

La mesure d'un *triangle quelconque* s'obtient en multipliant la base par la moitié de la hauteur. On appelle *base* d'un triangle le côté sur lequel repose le triangle. On appelle *hauteur* d'un triangle, la perpendiculaire abaissée sur la base de l'angle opposé à cette base.

205. Mesurez la surface d'un triangle dont la base est de 20 mètres et la hauteur de 16 mètres.

L'élève multipliera 20 par 16, il obtiendra un produit de 320 mètres qu'il divisera par 2, ce qui donnera un produit net de 160 mètres carrés, ou 1 are 60 centiares.

DU TRAPÈZE.

La mesure d'un *trapèze* s'obtient en multipliant la somme des deux côtés parallèles par la moitié de la distance perpendiculaire de ces deux côtés.

206. Mesurez la surface d'un trapèze dont un côté parallèle a 25 mètres, l'autre 32, la distance perpendiculaire 18.

L'élève additionnera 32 plus 25, il obtiendra un total de 57, qu'il multipliera par la moitié de 18 ou par 9, il obtiendra une surface totale de 513 mètres carrés ou 5 ares 13 centiares.

DU PARALLÉLOGRAMME.

La mesure du parallélogramme s'obtient en multipliant la base par la hauteur, c'est-à-dire par la perpendiculaire abaissée d'un sommet sur la base.

207. Mesurez la surface d'un parallélogramme dont la base est de 30 mètres et la hauteur de 17.

L'élève multipliera 30 par 17 et obtiendra une surface totale de 510 mètres carrés ou 5 ares 10 centiares.

TRENTE-DEUXIÈME LEÇON

SUITE DE LA MESURE DES SURFACES.

DES POLYGONES RÉGULIERS.

La mesure d'un *polygone régulier* s'obtient en multipliant la moitié de son contour par la perpendiculaire tirée du centre sur un des côtés.

208. Mesurez la surface d'un octogone régulier.

L'élève tirera du centre A la perpendiculaire AB, il multipliera la longueur de cette perpendiculaire par la moitié de la longueur totale des huit côtés qui forment le périmètre de l'octogone.

DES POLYGONES IRRÉGULIERS.

Pour mesurer la surface d'un *polygone irrégulier*, il faut le décomposer en autant de triangles et de trapèzes que l'exige le nombre de côtés du polygone, et chercher ensuite la surface de chaque triangle et de chaque trapèze.

209. Mesurez la surface du pentagone irrégulier ABCDE.

Du point B, l'élève tirera les diagonales BE et BD qui partageront la figure en trois triangles inégaux ABE, EBD et BDC; pour mesurer le triangle ABE, il abaissera la perpendiculaire AF sur la base BE; pour mesurer le triangle EBD, il abaissera GD sur la base BE; enfin pour mesurer le triangle BDC, il abaissera CH sur la base BD. Ensuite, il cherchera la surface de chaque triangle en multipliant la base par la moitié de la hauteur, et fera la somme du produit des trois triangles.

210. Mesurez un terrain irrégulier.

Soit donnée la figure irrégulière ABCDEFGHI; l'élève tirera la diagonale AG des deux angles les plus opposés de la figure; de tous les autres angles, il abaissera des perpendiculaires sur la base et décomposera ainsi la figure en 4 triangles rectangles BJA, ALI, FPG, GOH, et en 5 trapèzes réguliers BJKC, CKMD, DMNE, ENPF, LHIO; il évaluera la surface de chaque triangle et de chaque trapèze, et fera un total de tous les produits partiels.

MESURE DU CERCLE.

La surface d'un *cercle* s'obtient en multipliant la circonférence par la la moitié du rayon.

Lorsqu'on connaît le diamètre d'un cercle, on obtient la circonférence en multipliant ce diamètre par la fraction 3,1416.

211. Mesurez la surface d'un cercle dont le rayon est de 12 mètres.

Le rayon étant mesuré, l'élève multipliera 12 par 2, il obtiendra 24 mètres pour le diamètre; il multipliera 24 par la fraction 3,1416, il obtiendra 75 mètres 3984 pour la circonférence du cercle; pour obtenir la surface, il multipliera 75 mètres 3984 par la moitié du rayon, ou 6 mètres; il trouvera une surface de 452 mètres carrés, 39 décimètres carrés, 04 cent. carrés.

MESURE DE L'ELLIPSE.

La mesure d'une *ellipse* s'obtient en multipliant la moitié du grand axe par la moitié du petit, puis en multipliant le produit obtenu par le nombre 3,1416.

212. Mesurez une ellipse dont le grand axe est de 40 mètres et le petit de 24.

L'élève multipliera 20 par 12, il obtiendra un produit de 240 mètres qu'il multipliera par la fraction 3,1416; il trouvera une surface de 753 mètres carrés, 98 décimètres carrés, 40 centimètres carrés.

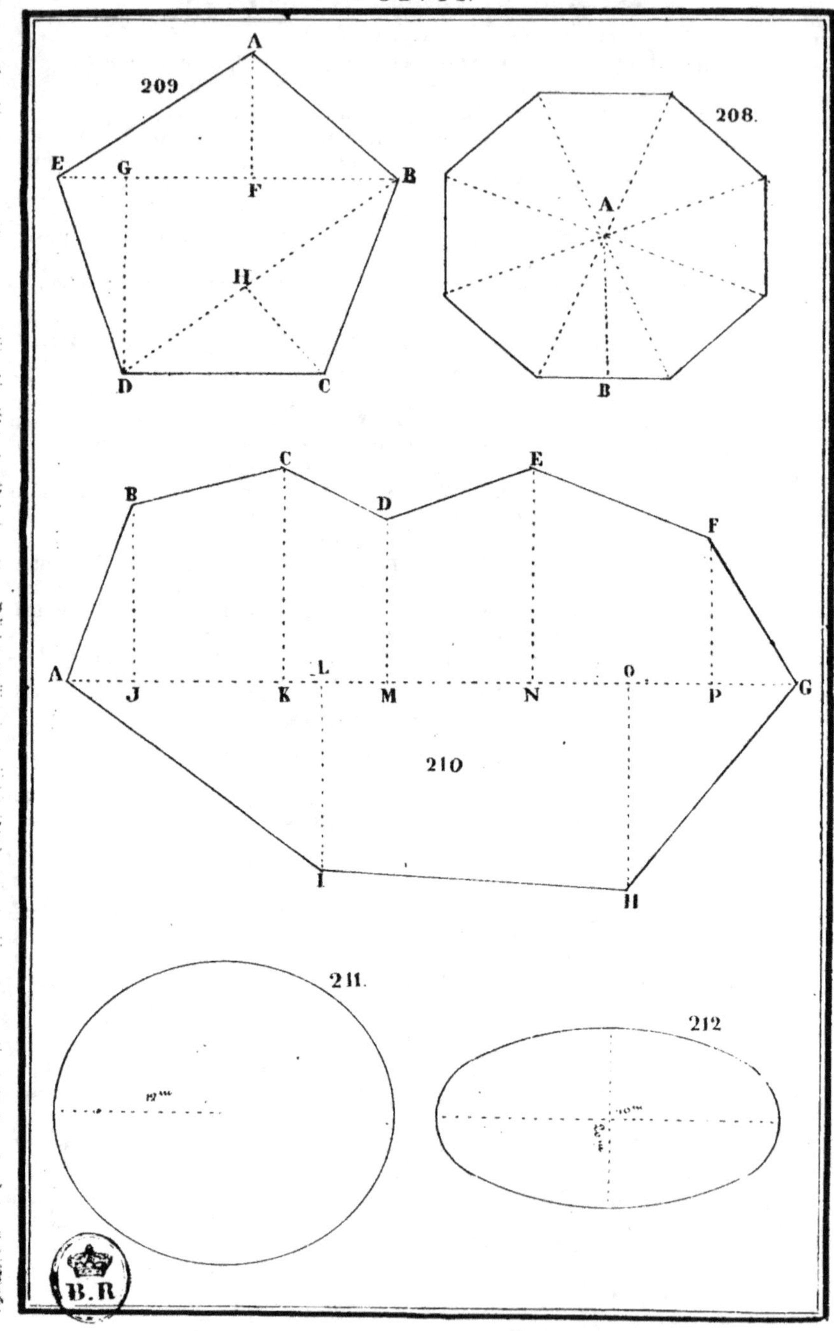
209
A
E G F B
H
D C
208.
A
B
C
B D E
F
A J K L M N O P G
210
I H
211.
212
C

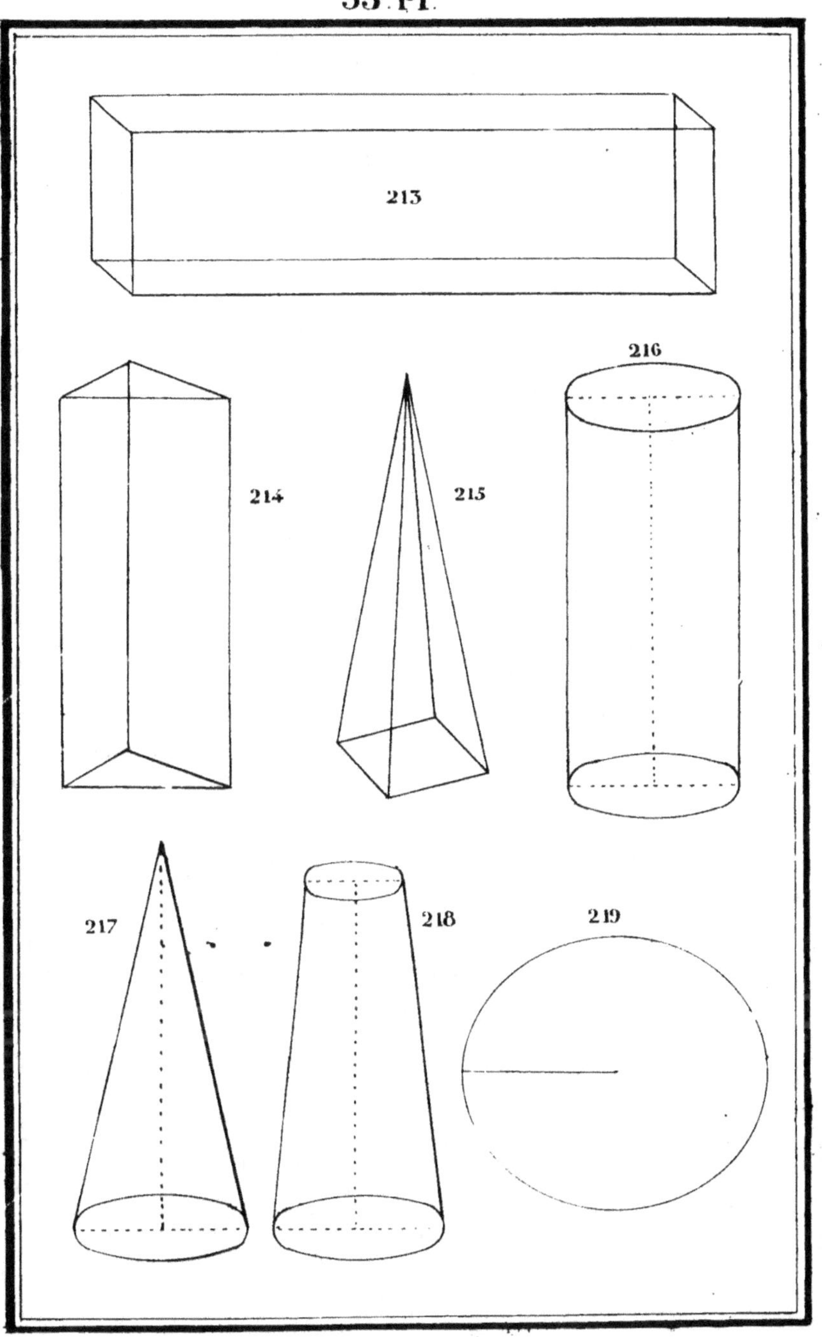

213
214
215
216
217
218
219

TRENTE-TROISIÈME LEÇON.

MESURE DES SOLIDES.

DU PARALLÉLIPIPÈDE.

La solidité ou le volume d'un *parallélipipède* s'obtient en multipliant l'une par l'autre, la longueur, la largeur et l'épaisseur.

213. Mesurez un parallélipipède dont la longueur est de 14 mètres, la largeur de 6 et l'épaisseur de 4.

L'élève multipliera 14 par 6, et le produit 84 par 4, il obtiendra un volume de 336 mètres cubes.

DU PRISME.

La solidité d'un *prisme* s'obtient en multipliant la surface d'une des bases par la hauteur du prisme.

214. Mesurez un prisme dont la surface de la base est de 12 mètres, et la hauteur du prisme de 3 mètres.

L'élève multipliera 12 par 3, il obtiendra un volume de 36 mètres cubes.

DE LA PYRAMIDE.

La solidité d'une *pyramide* s'obtient en multipliant la surface de la base par le tiers de la hauteur de la pyramide.

215. Mesurez une pyramide dont la surface de la base est de 8 mètres, la hauteur de la pyramide de 12 mètres.

L'élève multipliera 8 par 4, il obtiendra un volume de 32 mètres cubes.

DU CYLINDRE.

La solidité d'un *cylindre* s'obtient en multipliant la surface de la base par la hauteur du cylindre.

216. Mesurez le volume d'un cylindre dont la surface de la base est de 4 mètres, la hauteur du cylindre de 7 mètres.

L'élève multipliera 4 par 7, il obtiendra un volume de 28 mètres cubes.

DU CÔNE.

La solidité d'un *cône* s'obtient en multipliant la surface de la base par le tiers de la hauteur du cône.

217. Mesurez la solidité d'un cône dont la surface de la base est de 15 mètres, la hauteur du cône de 6 mètres.

L'élève multipliera 15 par 2, il obtiendra un volume de 30 mètres cubes.

DU CÔNE OU DE LA PYRAMIDE TRONQUÉE.

La solidité d'un *cône* ou d'une *pyramide tronquée* s'obtient en multipliant la somme des deux bases parallèles par la moitié de la hauteur du cône ou de la pyramide.

218. Mesurez la surface d'un cône tronqué, dont la surface de la base supérieure est de 6 mètres, celle de la base inférieure de 10 mètres, la hauteur du cône de 8 mètr.

L'élève additionnera 6 plus 10=16, qu'il multipliera par 4; il obtiendra un volume de 64 mètres cubes.

DE LA SPHÈRE.

La solidité de la *sphère* s'obtient en multipliant sa surface totale par le tiers de son rayon.

219. Mesurez une sphère dont le rayon est de 10 mètres.

L'élève multipliera le diamètre, 20 mètres, par 3,1416, il obtiendra 62^m.832 pour la circonférence d'un des grands cercles de la sphère; il multipliera ce produit par 20 mètres, il aura 1256^m.64 carrés pour sa surface; il multipliera cette surface par le tiers du rayon 3^m.33, il obtiendra 4184 m. c. 511 décim. c. 200 centim. c. pour le volume de la sphère.

3

TRENTE-QUATRIÈME LEÇON.

220. Jalonnez et mesurez la ligne AB.

L'arpenteur ayant posé un jalon au point A et un autre au point B, se placera derrière le jalon A, à quelques mètres de distance ; visant de l'œil droit les jalons A et B, il fera poser, par un aide, un troi-iè me jalon C, dans l'alignement de AB ; pour cela, l'aide soutiendra le jalon verticalement de la main droite, à quelques centimètres du sol ; l'arpenteur, placé en A, lui indiquera d'un signe de la main s'il devra aller à droite ou à gauche, jusqu'à ce que le jalon se trouve aligné. Le troisième jalon C étant placé, l'arpenteur pourra seul en placer un quatrième D, en s'alignant sur CB, puis d'autres E, F, en visant les trois autres D, C, B ; ainsi de suite.

La distance AB étant jalonnée, l'arpenteur tiendra un bout de la chaîne, un aide, ou *porte-chaîne*, tiendra l'autre. Le porte-chaîne, ayant dix fiches dans sa main gauche, marchera en avant, dans l'alignement de AB ; il plantera une fiche lorsque la chaîne sera bien tendue ; l'arpenteur appuiera la poignée de la chaîne contre le jalon A. Le porte-chaîne continuera son chemin jusqu'à ce que l'arpenteur soit arrivé à la première fiche enfoncée en terre, il plantera une seconde fiche et l'arpenteur enlèvera la première, ainsi de suite. Les 10 fiches devront passer successivement dans la main de l'arpenteur, et lorsqu'il les aura toutes relevées, il les rendra au porte-chaîne et les marquera sur son carnet.

221. Elevez une perpendiculaire du point C sur AB.

Soit jalonnée la ligne AB, l'arpenteur portera l'équerre dans l'alignement de cette ligne, en un point D tel que lorsque deux pinnules correspondront aux points A et B, les deux autres pinnules à angles droits correspondent aussi au point C. Cette position ne se trouvera pas au premier essai, mais avec un peu de pratique on ne tâtonnera pas longtemps.

222. Mesurez le terrain irrégulier ABCDEF.

En arrivant sur le terrain, l'arpenteur posera d'abord un jalon à chaque angle A, B, C, D, E, F ; puis d'un angle quelconque A, il mènera avec des jalons les diagonales AC, AD, AE aux autres angles opposés ; il cherchera et marquera sur la diagonale AC, avec l'équerre, le pied G de la perpendiculaire BG, le pied H de la perpendiculaire DH ; sur la diagonale AD, il cherchera le pied I de la perpendiculaire EI ; enfin sur AE, il cherchera le pied K de la perpendiculaire FK. Il mesurera à la chaîne la distance AG qu'il marquera sur son croquis ; il mesurera la perpendiculaire GB qu'il notera de même ; se reportant au point G, il mesurera la distance GH, la perpendiculaire DH, enfin la distance HC. Il mesurera de même les autres distances et perpendiculaires DI, EI, IA, AK, KF, et KE et l'opération sera terminée ; il n'aura plus qu'à faire le calcul de tous les triangles.

223. Donnez une autre manière de mesurer le terrain irrégulier ABCDEFGH.

L'arpenteur ayant reconnu par des jalons tous les angles extérieurs, A, B, C, D, E, F, G, H, tirera avec des jalons des deux angles les plus opposés la directrice AF, sur laquelle il abaissera, au moyen de l'équerre les perpendiculaires BI, CJ, DL, EM, NG et KH ; le terrain se trouvera décomposé en triangles et en trapèzes, ayant tous leurs bases sur la directrice. Partant du point de départ A, il mesurera successivement les bases et perpendiculaires dans l'ordre suivant : AI, IB, IJ, JC, JK, KH, KL, LD, LM, ME, MN, NG et NF ; il notera sur son croquis toutes les mesures chaque fois qu'elles auront été mesurées ; l'opération terminée, il fera le calcul des triangles et des trapèzes et en fera la somme totale.

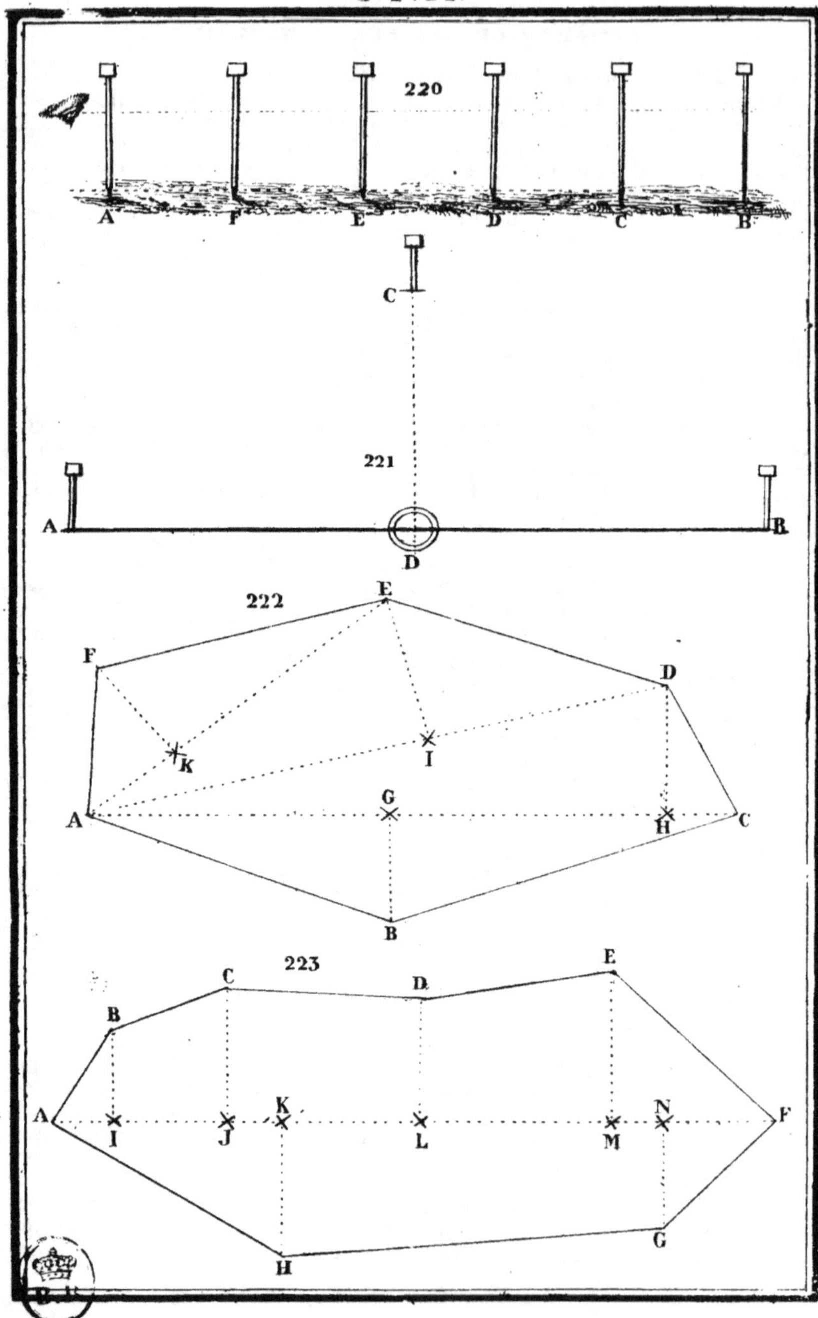
220
221
222
223

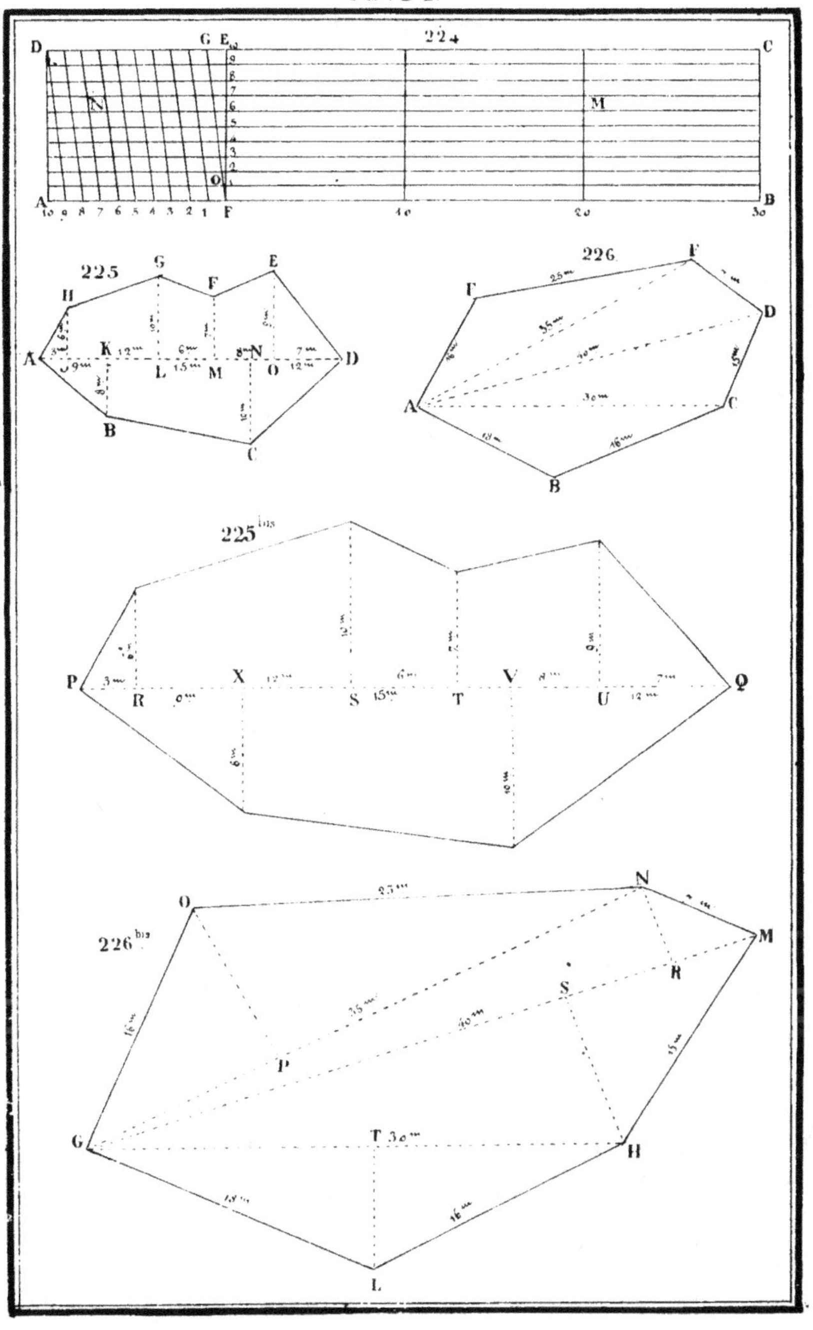
224
225
226
225bis
226bis

LEVÉE D'UN PLAN.

Souvent il est nécessaire de lever le plan du terrain qu'on a mesuré, c'est-à-dire, de tracer en petit sur le papier la figure exacte du terrain avec tous ses détails. Pour la construction d'un plan, on se sert d'une échelle de proportion, c'est une ligne divisée en parties égales que l'on place au bas d'un plan pour servir de commune mesure à toutes les parties du plan. Les échelles les plus employées sont les échelles décimales ou métriques.

224. Construisez une échelle appelée échelle de dixme.

L'élève tracera une droite AB, de la longueur de l'échelle; aux points A et B, il élèvera deux perpendiculaires AD, BC, qu'il divisera chacune en dix parties égales; par les points de division il mènera des parallèles à AB. Du point A, sur la ligne AB, et du point D, sur la ligne DC, il portera dix divisions égales, dont une représentera la longueur d'un mètre; il tirera la perpendiculaire EF; puis il tracera les obliques FG, en croisant d'un de ces points de division; il portera sur FB et sur EC la longueur AF autant de fois qu'il sera possible, et tracera des perpendiculaires par les nouveaux points de division. La distance AF représentera un décamètre ou 10 mètres. La distance GE, un mètre; et la distance 01, un décimètre. La longueur totale de l'échelle sera de 40 mètres. Ainsi, pour avoir une longueur de 26 m. 6 déc., l'élève placera le compas de M en N. — L'ouverture du compas sera la longueur demandée.

225. Levez le plan du croquis ABCDEFGH, divisé en triangles et trapèzes.

L'élève tracera une directrice indéfinie PQ; il prendra, avec le compas, sur l'échelle, la distance AJ de 3 mètres, qu'il portera de P en R; il prendre la distance JL, de 12 mètres, qu'il portera de R en S; il portera de même, après les avoir pris sur l'échelle les distances LM, MO, OD, de S en T, de T en U; aux points R, S, T, U, il élèvera, avec l'équerre en bois, des perpendiculaires indéfinies. Ensuite il portera la distance AK de P en X, la distance KN de X en V; il vérifiera au compas et à l'échelle, si la distance ND de 12 mètres est exacte. Il abaissera des perpendiculaires indéfinies aux points X et V; il prendra sur l'échelle la hauteur de chaque perpendiculaire et la portera successivement sur chacune d'elle; tous les angles du terrain se trouvant alors indiqués, l'élève tirera des droites pour former le contour ou périmètre.

226. Levez le plan du croquis ABCDEF, divisé en triangles, dont les côtés et les diagonales sont seulement mesurés.

L'élève prendra, sur l'échelle de proportion, la longueur 30 mètres de la diagonale AC, et la portera de G en H; du point G avec la longueur AB de 18 mètres, et du point H avec la distance CB de 16 mètres, il décrira le point d'intersection L; il tirera GL et LH; du point G avec la longueur AD de 40 mètres, et du point H avec la longueur CD de 15 mètres, il déterminera l'intersection M; du point G avec la longueur AE de 35 mètres, et du point M avec la longueur DE de 7 mètres, il déterminera l'intersection N; enfin du point G avec la longueur AF de 16 mètres, et du point N avec la mesure EF de 25 mètres, il déterminera l'intersection O. Le contour étant tracé, pour trouver la surface de ce terrain, il abaissera sur le plan et non sur le croquis, les perpendiculaires OP, NR, HS, TL, il les mesurera et les cotera, ainsi que la longueur des diagonales. Le contour ne devra pas être coté sur le plan, à moins qu'un des côtés ne serve de base ou de perpendiculaire.

Quatrième Partie.

ARCHITECTURE.

TRENTE-SIXIÈME LEÇON.
DES MOULURES.

Les *moulures* sont des parties saillantes qui servent d'ornement à l'architecture ; les moulures sont à l'architecture ce que les lettres sont à l'écriture.

Les principales moulures sont : le filet, le larmier, la plate-bande, la baguette, le tore, le quart de rond, le congé, la gorge, la scotie, le talon et la doucine.

DU FILET.

Le *filet* est une petite moulure carrée, dont la saillie égale la hauteur.

227. Dessinez un filet.

L'élève tracera deux horizontales AB et CD, la verticale DB et marquera la saillie par la verticale EF.

DU LARMIER.

Le *larmier* est une moulure carrée, large et saillante, creusée en dessous, que l'on place dans les corniches pour préserver l'édifice des eaux du ciel.

228. Dessinez un larmier.

L'élève dessinera deux horizontales qu'il terminera par la verticale AB ; il marquera la saillie par la verticale C, et creusera le larmier par une demi-circonférence D.

DE LA PLATE-BANDE.

La *plate-bande* est une moulure carrée large et peu saillante.

229. Dessinez une plate-bande.

L'élève dessinera deux horizontales qu'il terminera par la verticale AB. La figure 299 bis représente une plate-bande rentrée.

DE LA BAGUETTE ET DU TORE.

La *baguette* est une petite moulure ronde, formée par une demi circonférence dont la saillie égale la moitié de la hauteur. Une grosse baguette se nomme *tore*.

230. Dessinez une baguette.

231. Dessinez un tore.

L'élève tracera deux horizontales AB et CD ; il tirera la verticale BC qu'il partagera en deux parties égales au point E ; de ce point E, comme centre, il décrira la demi-circonférence BC.

DU QUART DE ROND.

Le *quart de rond* est une moulure circulaire, ronde, formée par un quart de cercle.

232. Dessinez un quart de rond droit.

233. Dessinez un quart de rond renversé.

L'élève dessinera l'horizontale AB, il prendra la hauteur du quart de rond qu'il portera de B en C, de ce dernier point comme centre il abaissera la verticale CD égale à CB ; il décrira le quart de cercle BD, et tracera l'horizontale DE.

DU CONGÉ.

Le *congé* ou *cavet* est une moulure circulaire creuse, formée par un quart de cercle ; c'est l'inverse du quart de rond.

234. Dessinez un congé droit.

235. Dessinez un congé renversé.

Construction analogue à celle du quart de rond.

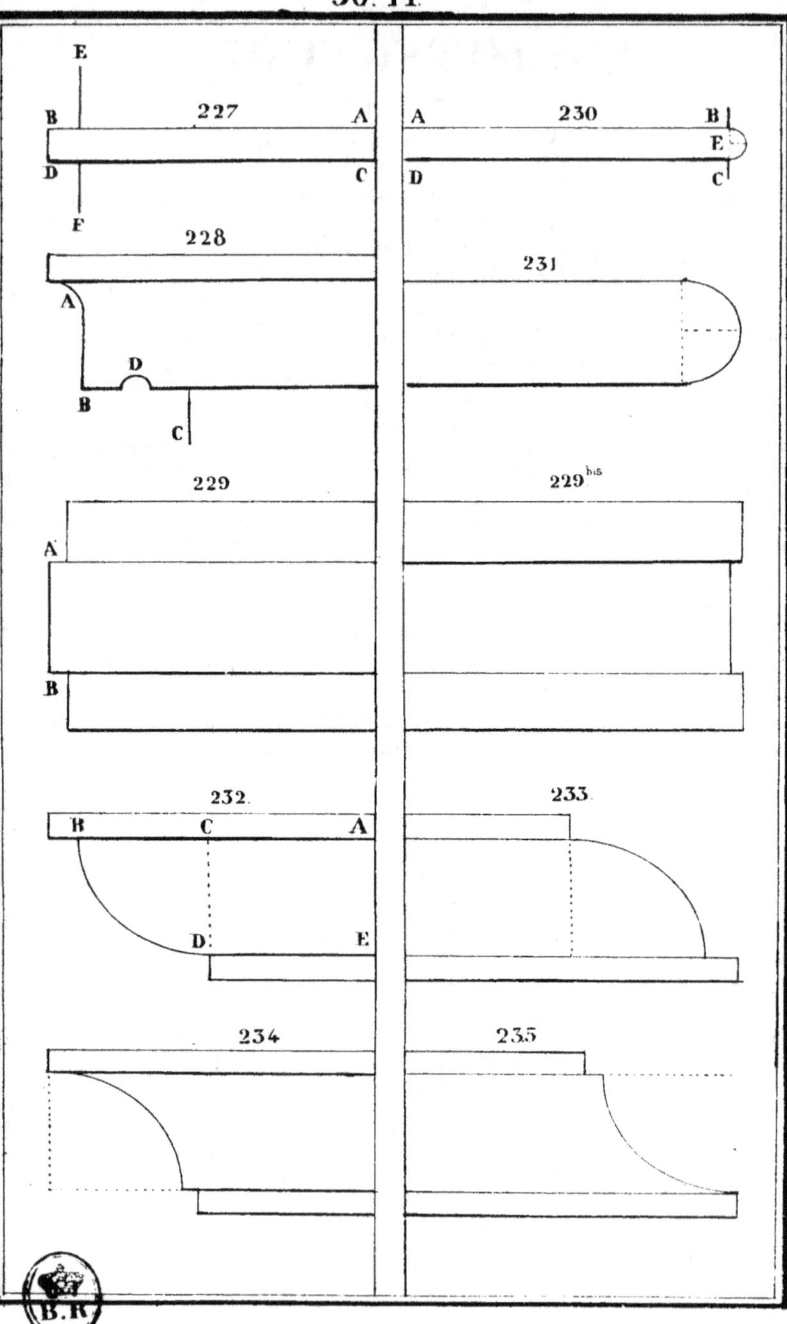
E
B 227 A A 230 B
E
D C D C
F
228
A 231
D
B
C
229 229 bis
A
B
232 233
B C A
D E
234 235

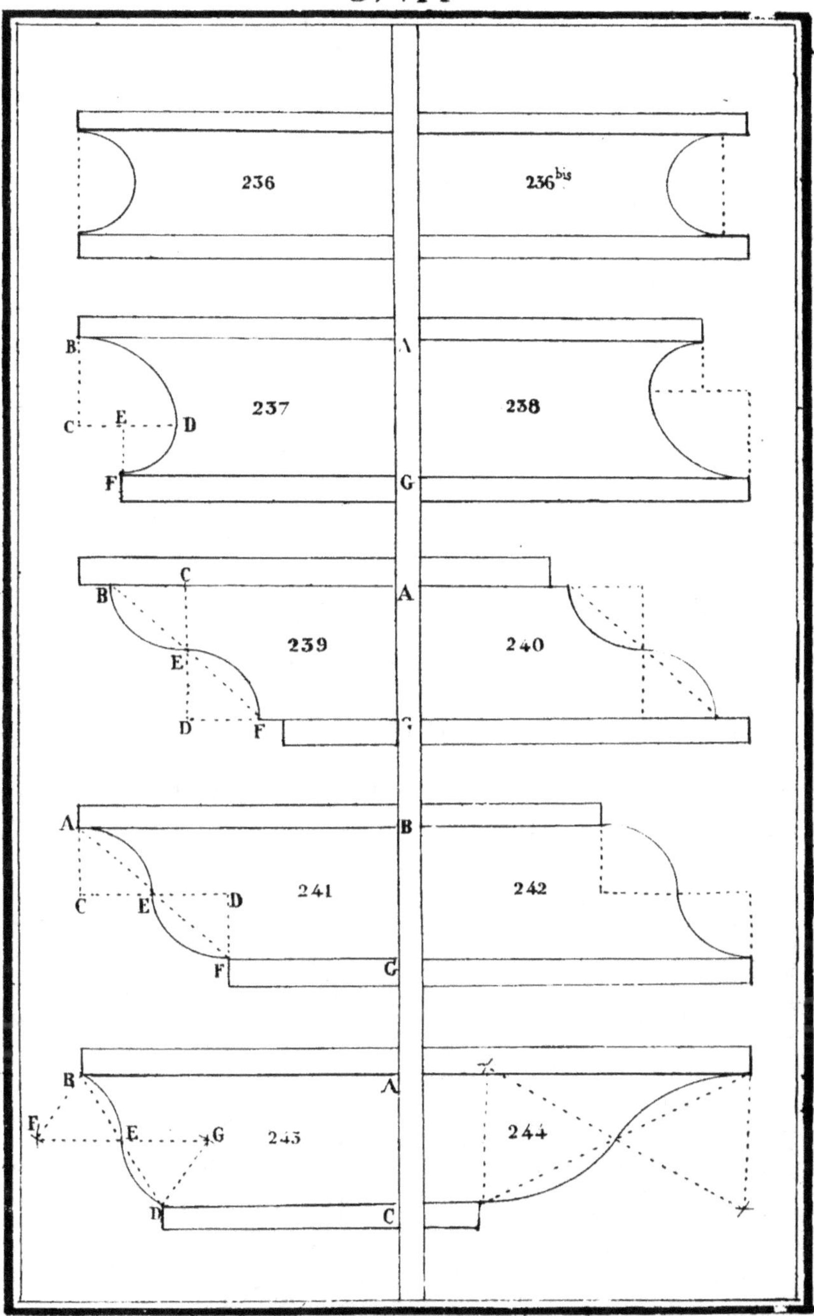

236
236 bis
B
C E D
F G
237
238
C
B A
239
E
D F
240
A
B
C E D
241
242
F G
B A
F
E G
243
244
D C

SUITE DES MOULURES.

DE LA GORGE.

La *gorge* est une moulure creuse, formée par une demi-circonférence.

256. Dessinez une gorge.

La construction est la même que pour la baguette ; la demi-circonférence devra être tracée en dedans des deux horizontales ; c'est le contraire de la baguette. La figure 236 bis représente une gorge creuse.

DE LA SCOTIE.

La *scotie* est une moulure circulaire creuse, composée de deux congés dont les centres sont à volonté.

257. Dessinez une scotie droite.

258. Dessinez une scotie renversée.

L'élève dessinera l'horizontale AB, il abaissera le rayon perpendiculaire BC ; du point C il décrira le congé BD ; il tracera la droite CD, puis prenant sur cette droite un centre quelconque E, il décrira l'autre congé DF, s'arrêtant à la perpendiculaire EF, il terminera par le tracé de l'horizontale FG.

DU TALON.

Le *talon* est une moulure circulaire, demi-ronde et demi-creuse, composée d'un quart de rond et d'un congé.

259 Dessinez un talon droit.

240. Dessinez un talon renversé.

L'élève dessinera l'horizontale AB, il prendra la distance CB de la moitié de la hauteur de la saillie ; du point C il abaissera la verticale CD double de BC ; il tracera l'horizontale DG, puis du point C comme centre, avec un rayon égal à CB, il décrira le quart de rond BE, et du point D comme centre, il décrira le congé EF. Le talon sera tracé.

DE LA DOUCINE.

La *doucine* ou *cymaise* est une moulure circulaire demi-creuse et demi-ronde, composée d'un congé et d'un quart de rond, disposés en sens inverse de ceux du talon.

241. Dessinez une doucine droite.

242. Dessinez une doucine renversée.

L'élève tracera l'horizontale AB ; du point A il abaissera la perpendiculaire AC égale à la moitié de la hauteur de la saillie de la doucine ; du point C il tracera l'horizontale CD double de CA ; du point D il abaissera la perpendiculaire DF égale à AC ; ensuite, du point C comme centre, il décrira le congé AE, et du point D comme contre, il décrira le quart de rond EF ; il tracera l'horizontale FG ; et la doucine sera terminée.

243. Dessinez une doucine plate.

L'élève tracera les deux horizontales AB et CD ; il tirera l'oblique BD, qu'il partagera en deux parties égales au point E. Du point E comme centre, avec un rayon égal à EB, et du point B, avec le même rayon, il décrira le point d'intersection F, qui sera le centre du congé plat BE. Enfin, des points E et D, comme centres avec le même rayon BE, il déterminera le point d'intersection G, qui sera le centre du quart de rond plat ED.

244. Dessinez une doucine allongée.

La construction est la même que celle de la doucine plate.

TRENTE-HUITIÈME LECON.

DES ORDRES D'ARCHITECTURE.

On appelle *ordre d'architecture*, l'arrangement régulier d'un piédestal, d'une colonne et d'un entablement.

Il y a cinq ordres d'architecture : le *toscan*, le *dorique*, l'*ionique*, le *corinthien* et le *composite*. Trois de ces ordres, le dorique, l'ionique, et le corinthien ont été inventés par les Grecs ; le toscan et le composite par les Romains.

DU PIÉDESTAL.

Le *piédestal* est la partie inférieure d'un ordre ; il doit avoir le plus de force et doit être le moins décoré. Lorsqu'il règne autour d'un édifice, ou qu'il porte une suite de colonnes, il prend le nom de *stylobate*. Le piédestal se compose de trois parties : d'une *base*, d'un *fût* ou *dé* et d'une *corniche*.

DE LA COLONNE.

La *colonne* représente un cylindre, qui diminue en s'élevant ; elle porte l'entablement. La colonne se compose de trois parties : d'une *base*, d'un *fût* et d'un *chapiteau*.

DE L'ENTABLEMENT.

L'*entablement* est la partie la plus saillante de l'ordre ; il se compose de trois parties : d'un *architrave*, d'une *frise*, et d'une *corniche*.

ORDRE TOSCAN.

L'ordre *toscan* est le plus simple et le plus ancien de tous les ordres. Il prit naissance dans la Toscane (Italie).

DU MODULE.

Le *module* est une mesure de convention qui sert d'échelle pour le dessin des ordres. Cette mesure doit toujours être la moitié du diamètre inférieur de la colonne ; sa division est de 30 parties pour tous les ordres pour la plus grande précision. Pour mettre un ordre en proportion, on rapporte tout au module.

Tableau des hauteurs de l'ordre Toscan.

ENTABLEMENT.			COLONNE.			PIÉDESTAL.		
Corniche A.	1m.	10p.	Chapiteau D.	1	»	Corniche H.	0	15
Frise B.	1	5	Fût E.	12	»	Dé ou socle J.	3	7
Architrave C.	0	25	Base F.	1	»	Base I.	0	20
Total.	3	»	Total.	14	»	Total.	4	12

La hauteur totale de l'ordre toscan est de 21 modules 22 parties.

245. Dessinez l'élévation de l'ordre toscan.

L'élève commencera par établir son échelle ; puis il divisera sa feuille en trois parties, le piédestal, la colonne et l'entablement, dont il prendra, suivant les cotes, chacune des hauteurs totales. Après cette opération, il placera dans chacune de ces divisions principales les subdivisions qui lui sont propres ; par exemple, dans le piédestal, la base, le dé et la corniche ; dans la colonne, la base, le fût et le chapiteau ; dans l'entablement, l'architrave, la frise et la corniche. Il mènera des horizontales par tous les points marquant les hauteurs, et il remplira ensuite les intervalles par les moulures qui appartiennent à chaque membre et qui en déterminent la saillie.

246. Dessinez une colonne avec cannelures.

247. Dessinez une colonne torse.

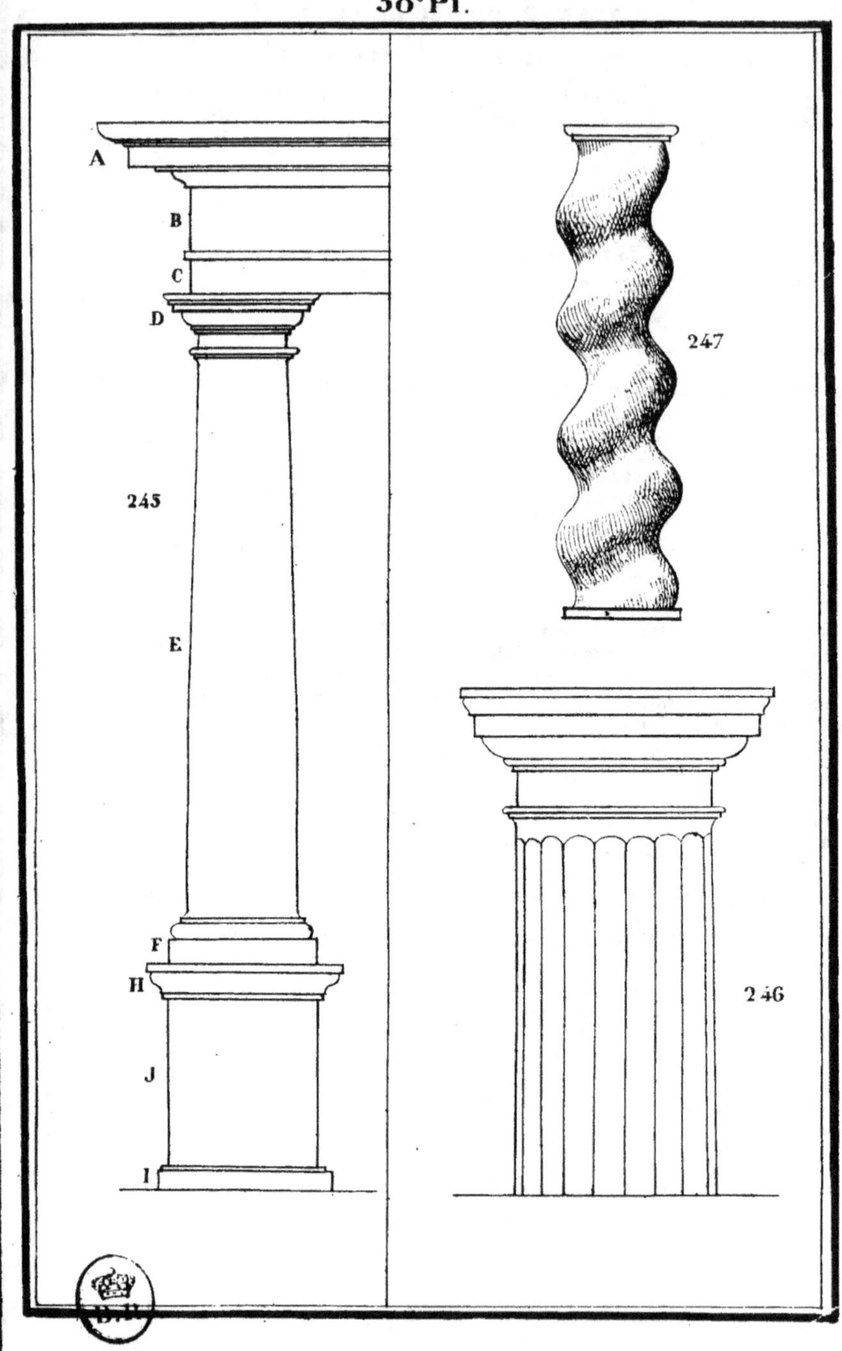
A
B
C
D
E
245
F
H
J
I
247
246

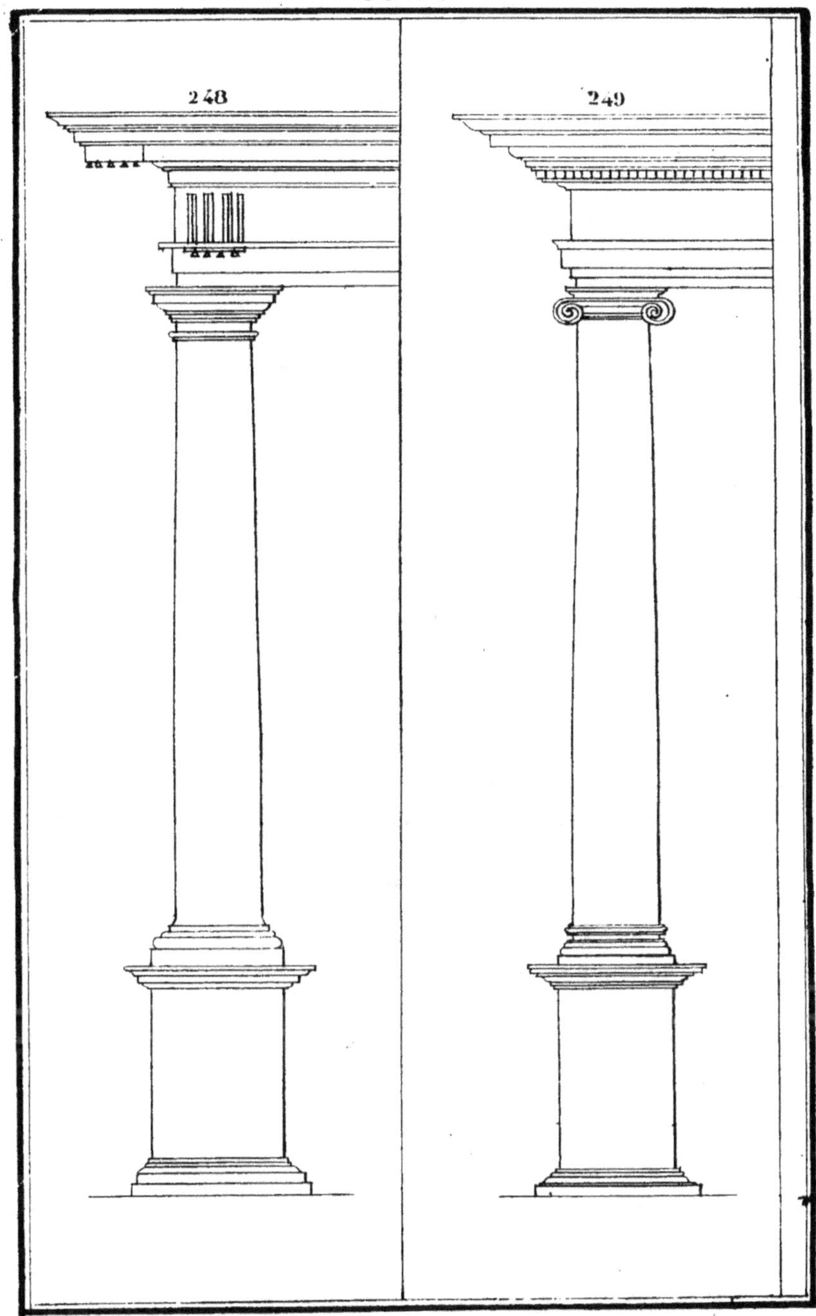
248
249

TRENTE-NEUVIÈME LEÇON.

ORDRE DORIQUE.

L'ordre *dorique* est le plus mâle et le plus régulier de tous les ordres; il prit naissance en Grèce, son nom lui vient de Dorus, roi d'Achaïe, le premier qui fit bâtir un temple à Junon, dans l'ancienne ville d'Argos. On le reconnaît par les métopes et les triglyphes qui ornent sa frise.

Tableau des hauteurs de l'ordre Dorique.

ENTABLEMENT.				COLONNE.				PIÉDESTAL.			
Corniche.	1	9	1|2	Chapiteau.	1	»		Corniche.	0	19	3|4
Frise.	1	15		Fût.	15	»		Dé.	2	20	
Architrave.	1	»		Base.	1	»		Base.	1	10	
Total.	3	24	1|2	Total.	17	»		Total.	4	19	3|4

La hauteur totale de l'ordre dorique est de 25 modules 14 parties 1\|4.

248. Dessinez l'élévation de l'ordre dorique.

L'élève fera comme à la construction de l'ordre toscan.

ORDRE IONIQUE.

L'ordre *ionique* se distingue par les volutes de son chapiteau. Les Athéniens, sous la conduite d'Ion, ayant fait la conquête de toute la Carie, appelèrent ce pays Ionie, du nom de leur chef. Ce fut là que, voulant élever un temple en l'honneur de Diane, ils donnèrent à la colonne la délicatesse du corps de la femme, afin qu'elle s'élevât plus agréablement; ils l'appelèrent *ionique*.

Tableau des hauteurs de l'ordre Ionique.

ENTABLEMENT.			COLONNE.				PIÉDESTAL.			
Corniche.	1	16	Chapiteau.	1	1	3|4	Corniche.	0	23	1|2
Frise.	1	11	Fût.	15	28	1|4	Dé.	2	29	
Architrave.	1	4	Base.	1	»		Base.	1	16	1|2
Total.	4	1	Total.	18	»		Total.	5	9	

La hauteur totale de l'ordre ionique est de 27 modules 10 parties.

249. Dessinez l'élévation de l'ordre ionique.

Même construction que pour l'ordre toscan.

ORDRE CORINTHIEN.

L'ordre *corinthien* se distingue par son chapiteau orné de feuilles d'acanthe, réunies aux volutes de l'ionique. Cet ordre a des modillons et des denticules dans la corniche de son entablement. Vitruve raconte ainsi l'origine de cet ordre. Une jeune fille de Corinthe, prête à se marier, mourut subitement. Lorsqu'elle fut inhumée, sa nourrice alla porter sur sa tombe un panier qui renfermait certains bijoux qu'elle affectionnait, et pour que le temps ne les gâtât pas, elle les recouvrit d'une tuile. Ce panier, par hasard, fut placé sur la racine d'une plante d'acanthe ; les feuilles de cette plante venant à grandir l'environnèrent, mais rencontrant les coins de la tuile, elles furent contraintes de se recourber en leurs extrémités, et produisirent les contournements des volutes. Callimaque passant près de ce tombeau, fut frappé de cet arrangement parfait, en conçut l'idée du chapiteau, qu'il embellit ensuite.

Tableau des hauteurs de l'ordre Corinthien.

ENTABLEMENT.			COLONNE.			PIÉDESTAL.		
Corniche.	3	10	Chapiteau.	2	6	Corniche.	0	23	1	2
Frise.	1	13	1	2	Fût.	16	24	Fût ou dé.	3	4
Architrave.	1	14	Base.	1	»	Base.	1	13
Total.	5	37	1|2	Total.	20	»	Total.	5	13	1|2

La hauteur totale de l'ordre corinthien est de 30 modules 18 parties.

250. Dessinez l'élévation de l'ordre corinthien.

Même construction que pour les autres ordres.

ORDRE COMPOSITE.

L'ordre *composite* est un composé de tous les autres. Le plus beau et le plus régulier est celui qui se compose de l'ionique et du corinthien. Cet ordre peut avoir les proportions du corinthien, et se construit sur les mêmes règles, il en diffère seulement par les ornements et le chapiteau.

Tableau des hauteurs de l'ordre Composite.

ENTABLEMENT.			COLONNE.			PIÉDESTAL.		
Corniche.	2	9	1|2	Chapiteau.	2	8	2|3	Corniche.	0	25	3|4
Frise.	1	14	1|2	Fût.	16	21	1|3	Fût.	3	15
Architrave.	1	15	Base.	1	»	Base.	1	18
Total.	5	9	Total.	20	»	Total.	5	28	3	4

La hauteur totale de cet ordre est de 30 parties 27 modules 3|4.

251. Dessinez l'élévation de l'ordre composite.

Même construction pour les autres ordres.

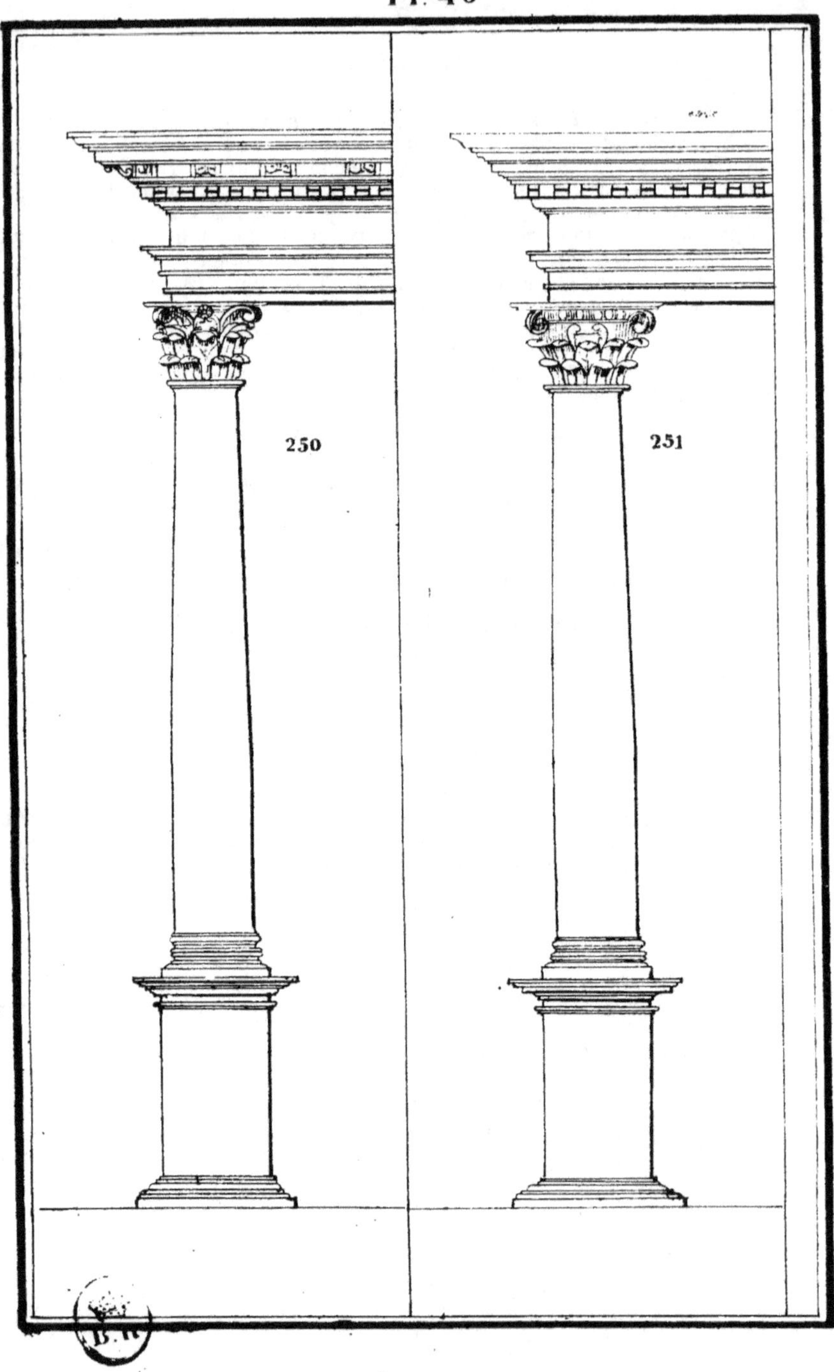

D

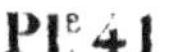

252

253

254

255

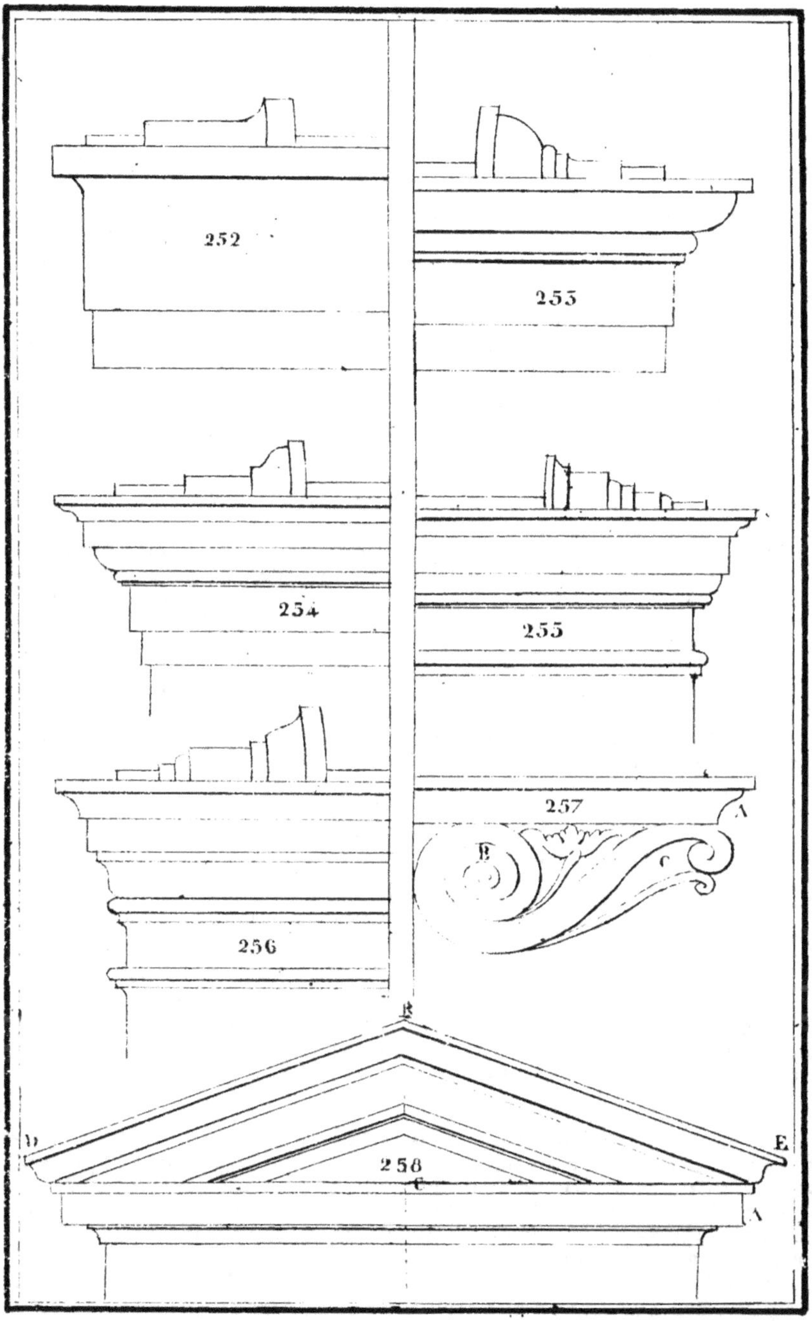

256

257

258

QUARANTE-UNIÈME LEÇON.

DES IMPOSTES ET DES ARCHIVOLTES.

On appelle *imposte* le piédroit sur lequel commence un arc.

On nomme *archivoltes*, de larges bandes en forme d'arc en saillie sur le nu d'un mur.

252. Dessinez l'imposte et l'archivolte toscan.

La construction de ces figures n'offre aucune difficulté. L'élève remarquera dans l'imposte, un larmier et une plate-bande ; dans l'archivolte il retrouvera les mêmes moulures.

253. Dessinez l'imposte et l'archivolte dorique.

L'élève remarquera dans l'imposte, ainsi que dans l'archivolte, les moulures suivantes : un filet, un quart de rond, deux baguettes, un filet, un larmier, et une plate-bande.

254. Dessinez l'imposte et l'archivolte ionique.

L'élève trouvera dans l'imposte : un filet, un talon droit, un larmier, un quart de rond, une baguette, un filet et deux plates-bandes ; dans l'archivolte : un filet, un talon et deux plates-bandes.

255. Dessinez l'imposte et l'archivolte corinthien.

L'élève trouvera dans l'imposte les moulures suivantes : un filet, un talon, un larmier, un quart de rond, une baguette, un filet, un gorgerain et une astragale ; dans l'archivolte : un filet, un talon, un larmier, un quart de rond, un filet, une plate-bande, une baguette et une autre plate-bande.

256. Dessinez l'imposte et l'archivolte composite.

L'élève observera dans l'imposte, un filet, un congé, un larmier, un filet, une doucine, une baguette, un filet, un gorgerain et une astragale ; dans l'archivolte, un filet, une doucine, un filet, une plate-bande, une baguette, un filet et une autre plate-bande.

DES MODILLONS.

On appelle *modillons* de petites consoles renversées, qui se placent sous les plafonds des corniches ionique, corinthien et composite.

257. Dessinez un modillon.

L'élève dessinera d'abord la corniche A, puis la spirale B, qu'il raccordera à la console C.

DES FRONTONS.

On appelle *fronton* un ornement d'architecture triangulaire ou circulaire, que l'on applique sur les portes, les fenêtres, le long d'une façade. Le champ ou panneau se nomme tympan. On place dans ce panneau des bas-reliefs ou des inscriptions.

258. Dessinez un fronton triangulaire.

L'élève dessinera d'abord toutes les moulures de la corniche A, il partagera la corniche en deux parties égales, au point C, il élèvera la perpendiculaire BC, de la hauteur du fronton ; il tirera les obliques BD et BE, et mènera des parallèles à ces obliques en se rapportant à l'angle de chaque moulure de la corniche. Toutes les moulures de la corniche devront se retrouver dans le fronton.

Cinquième Partie.

MAÇONNERIE.

QUARANTE-DEUXIÈME LEÇON.

DES ÉDIFICES.

La *maçonnerie* est l'art de travailler la pierre pour la construction des édifices.

On peut se rendre compte d'un édifice au moyen de trois dessins que l'on nomme *plan*, *coupe* et *élévation*.

DU PLAN.

On nomme *plan*, la disposition horizontale d'un bâtiment; c'est-à-dire sa longueur et sa largeur, ainsi que celles de chacune de ses parties.

259. Dessinez le plan d'un bâtiment.

L'élève tracera le rectangle ABCD, c'est-à-dire la longueur et la largeur du bâtiment; il marquera par un rectangle inscrit l'épaisseur des murs extérieurs; il fera ensuite la division des chambres, dessinera les portes, les fenêtres et les escaliers.

DE LA COUPE.

On nomme *coupe*, une figure semblable à celle qu'offrirait le bâtiment s'il était coupé verticalement en deux. La coupe indique les hauteurs et l'épaisseur des murs, ainsi que les autres dimensions intérieures de l'édifice.

260. Dessinez la coupe d'un bâtiment.

L'élève tracera une horizontale pour la base, ensuite se guidant sur les dimensions du plan, il tracera des verticales correspondant à l'épaisseur des murs extérieurs et intérieurs; il dessinera le mur de fondation, il marquera la hauteur des étages, et tracera les planchers, la toiture et les fenêtres.

DE L'ÉLÉVATION.

On appelle *élévation*, la face extérieure du bâtiment. L'élévation fait connaître les grandeurs des portes et des fenêtres, les hauteurs des étages, des corniches, des toitures, etc.

261. Dessinez l'élévation d'un bâtiment.

L'élève tracera une horizontale pour la base, se guidant sur le plan, il mènera deux verticales représentant les extrémités du bâtiment, il dessinera le socle G, la bande H, la corniche I, ensuite la toiture; puis il élèvera les pilastres L, les portes, les fenêtres, et enfin les pierres de taille K des extrémités du bâtiment.

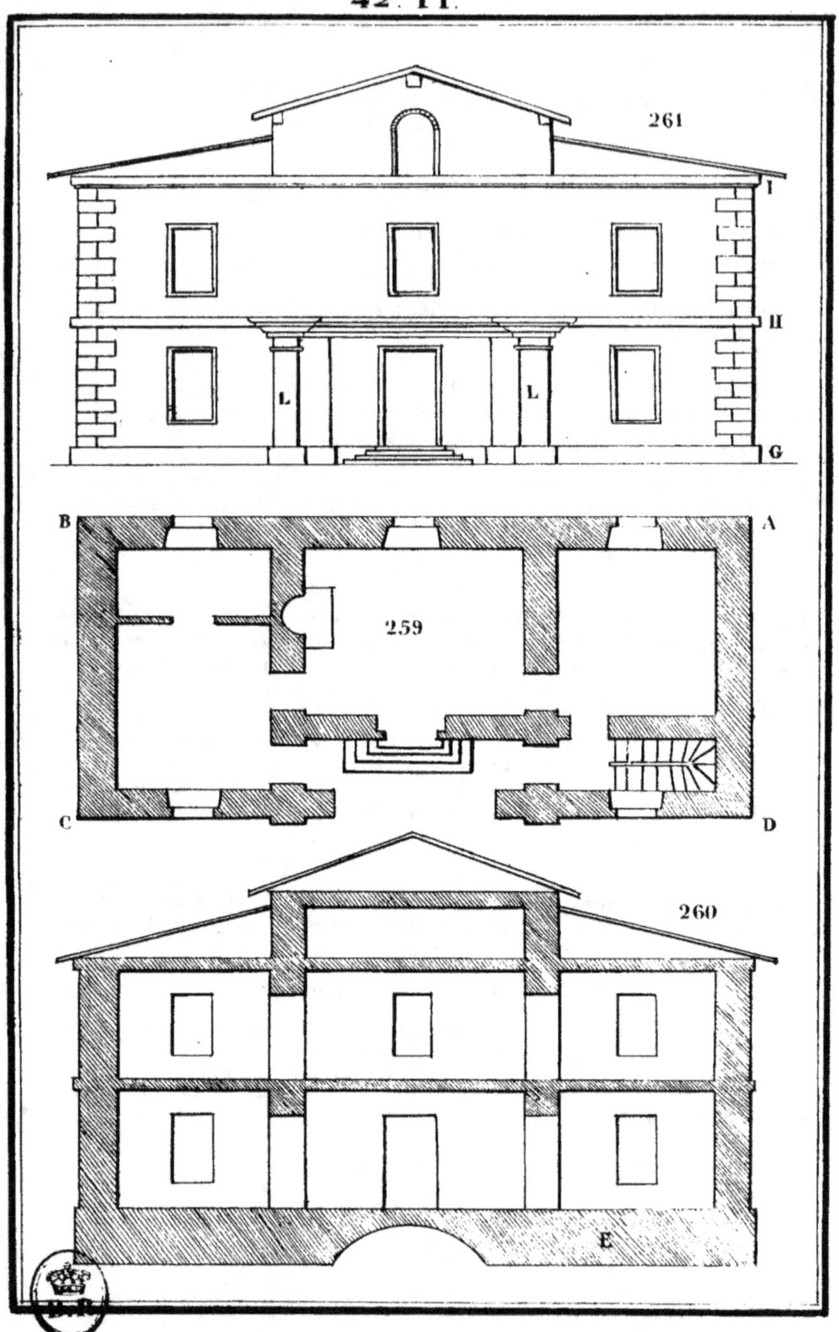
261
I
H
L
L
G
B
A
259
C
D
260
E

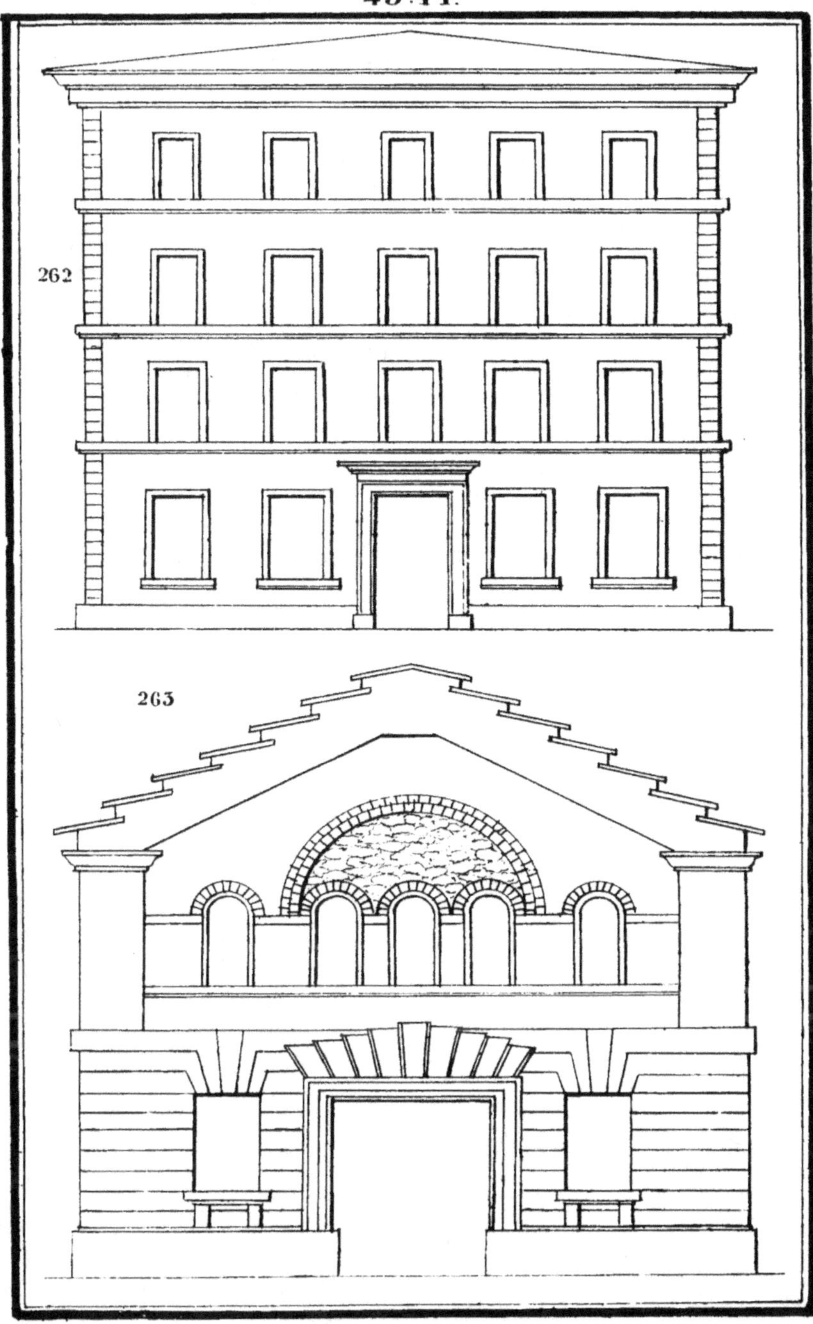
262
263

DES FAÇADES DE BATIMENT.

Les façades de bâtiment doivent se tracer d'après le plan horizontal, c'est-à-dire qu'il faut faire concorder l'intérieur avec l'extérieur. L'ornement dont elles sont susceptibles, dépend du goût de l'architecte. Aussi existe-t-il un grand nombre de façades différentes. Chaque pays, chaque ville même a son genre particulier de façade. Nous nous bornerons à donner seulement le dessin des deux façades suivantes, laissant à l'élève le soin d'en composer lui-même d'autres, en lui faisant observer que la régularité et la symétrie sont une des conditions de ces sortes d'études.

262. Dessinez une façade de bâtiment à trois étages.

L'élève tracera d'abord une horizontale pour la base ; il dessinera le socle par une autre horizontale ; il tracera deux verticales pour marquer la largeur de la façade ; il dessinera la corniche, les plates-bandes qui forment le seuil des fenêtres ; il élèvera une verticale passant par le milieu de la porte et de toutes les croisées ; il dessinera la porte et les croisées, en observant que celles-ci diminuent de hauteur et de largeur plus les étages sont élevés. Les croisées du premier étage devront avoir de hauteur deux fois la largeur.

263. Dessinez une façade de bâtiment de forme hollandaise.

L'élève tracera une horizontale pour la base ; il construira la porte, les croisées du rez de chaussée, il dessinera la coupe des pierres, puis les pilastres des extrémités du premier étage ; il disposera et dessinera les croisées, et finira la façade par le dessin de la toiture.

QUARANTE-QUATRIÈME LEÇON.

DES COMPARTIMENTS EN CARRELAGES.

Les *compartiments en carrelages* ou *pavés* se placent dans les couloirs, dans les antichambres et dans les salles à manger; on les construit soit en briques, soit en pierres de taille ou en marbre.

264. Dessinez un compartiment fait avec des carrés égaux.

L'élève dessinera un carré représentant la surface basse d'une chambre, il partagera chaque côté du carré en parties égales et mènera des lignes de division.

265. Dessinez un compartiment fait avec des losanges égaux.

L'élève ayant dessiné le carré extérieur, divisera les deux côtés verticaux en huit parties égales, et les deux côtés horizontaux en quatre parties; il tirera ensuite des lignes de division, comme l'indique la figure.

266. Dessinez un compartiment fait avec des rectangles et des carrés disposés obliquement.

L'élève ayant dessiné un carré, divisera chaque côté en huit parties égales, il tracera les obliques, et dessinera les petits carreaux, en observant qu'ils doivent se trouver compris sur des verticales à la base.

267. Dessinez un compartiment fait avec des octogones et des carrés.

L'élève ayant tracé le carré extérieur, divisera chaque côté en parties égales, il tirera des lignes de division qui formeront des carrés, il ne restera plus qu'à tracer les petits carreaux par des obliques.

268. Dessinez un compartiment fait avec des hexagones égaux.

L'élève ayant dessiné le carré ABCD, pour former les hexagones, il divisera les lignes AB et DC, en dix parties égales, et les côtés AD et BC en six parties égales, il tracera des obliques à droite et à gauche par ces points de division; il tracera ensuite des horizontales, qui couperont les obliques de deux en deux.

269. Dessinez un compartiment fait avec des hexagones partagés en trois losanges égaux.

L'élève ayant dessiné le carré extérieur, divisera chaque côté en dix parties égales; il tracera des obliques parallèles par les points de division d'une division des côtés horizontaux à deux divisions des côtés verticaux; les obliques à droite et à gauche étant tracées, il mènera des horizontales aux points de section des obliques de deux points pour un; il ombrera ensuite les losanges qui devront être en pierres noires.

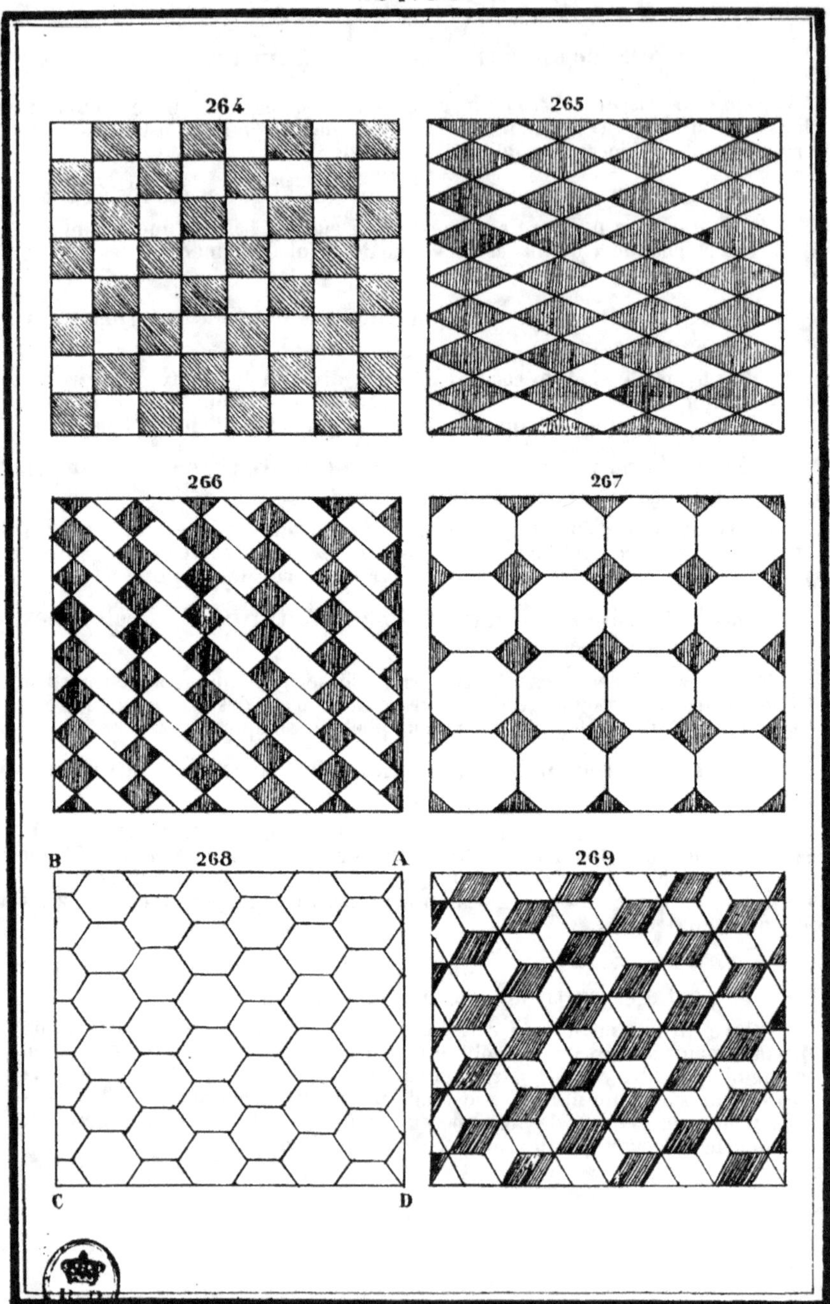
264
265
266
267
B
268
A
269
C
D

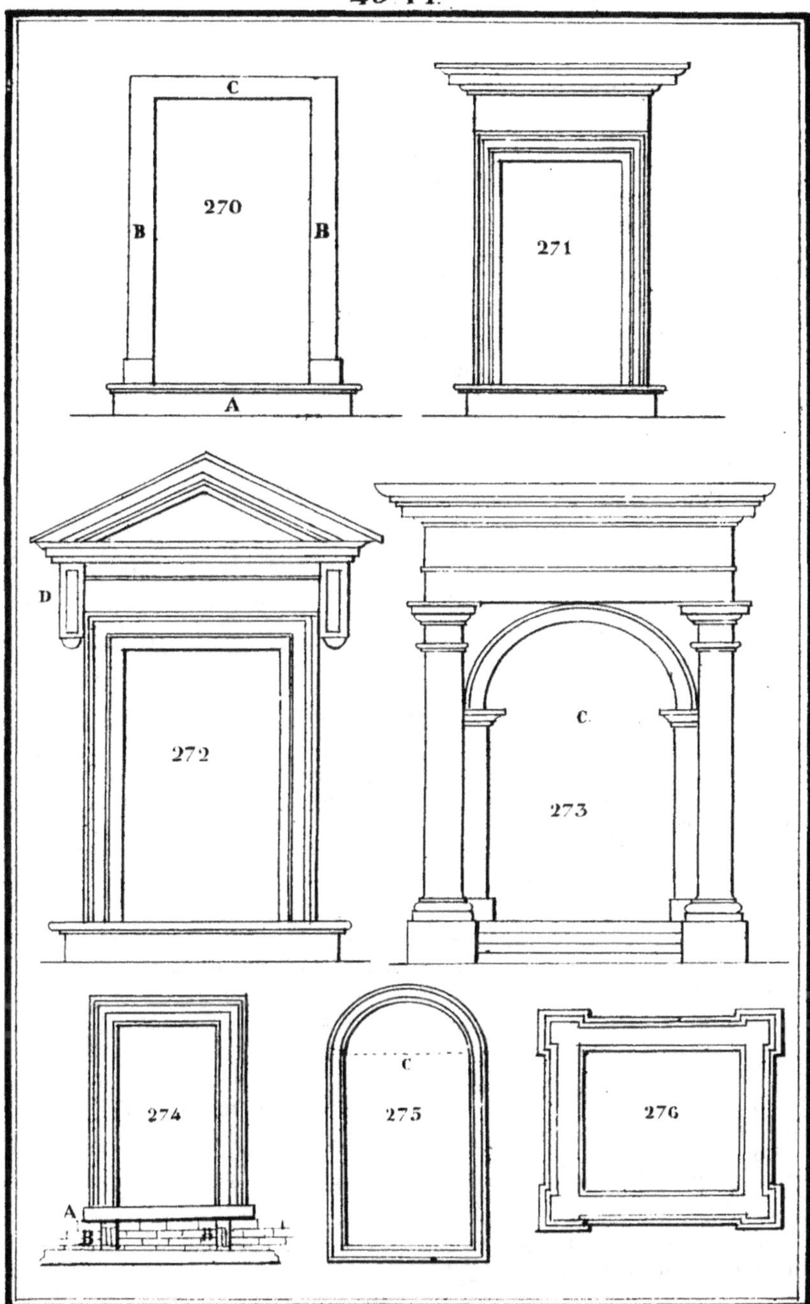

QUARANTE-CINQUIÈME LEÇON.

DES BAIES DE PORTES.

En maçonnerie, une ouverture de porte ou de croisée se nomme *baie*. La baie est formée par un chambranle composé : 1° d'un *seuil* A ; 2° de deux *jambages* ou *piédroits* B ; 3° et d'une *traverse* ou *couverture* C. Le chambranle est susceptible de recevoir des ornements, telles que moulures, corniches, d'autres fois il est surmonté d'un fronton.

270. Dessinez une baie de porte simple.

L'élève dessinera d'abord le seuil A, faisant marche, puis les piédroits B, ensuite la traverse C.

271. Dessinez une baie de porte avec moulures et corniche.

L'élève dessinera le seuil, faisant marche, il marquera la largeur et la hauteur de la baie, il dessinera les moulures du chambranle et terminera par le dessin de la corniche.

272. Dessinez une baie de porte à fronton triangulaire.

L'élève ayant fait la même construction que pour la figure précédente, dessinera les consoles D, placées au dessous de la corniche, et terminera par le fronton.

273. Dessinez une baie de porte à imposte et archivolte.

L'élève dessinera les colonnes ; il élèvera les jambages droits ; il tracera les moulures de l'imposte ; du centre C avec un rayon égal à la moitié de la largeur de la baie, il décrira l'archivolte par des demi-circonférences concentriques ; il terminera par le dessin de l'entablement.

DES BAIES DE CROISÉES.

Les baies de croisée de premier étage doivent avoir deux fois autant de hauteur que de largeur. Souvent ces baies reposent sur un seuil ou *appui saillant*, supporté par des consoles. On donne aux baies de croisées, les mêmes décors et ornements qu'aux portes ; le chambranle se compose des mêmes parties, c'est-à-dire d'un seuil, de deux jambages et d'une traverse.

274. Dessinez une baie de croisée de premier étage, avec moulures.

L'élève dessinera d'abord l'appui saillant A avec les consoles B ; il tracera par deux verticales et une horizontale la largeur de la baie, il dessinera ensuite les moulures.

275. Dessinez une baie de croisée circulaire avec moulures.

L'élève ayant déterminé la largeur de la croisée par une horizontale, élèvera deux verticales de la hauteur des piédroits, jusqu'à la naissance des arcs ; il joindra les extrémités de ces deux verticales par une horizontale, qu'il partagera en deux parties égales, au point C, il aura le centre des arcs de cercle qu'il décrira, il terminera par le dessin des moulures.

276. Dessinez une baie de croisée carrée.

L'élève construira d'abord le carré intérieur et dessinera ensuite les moulures comme l'indique la figure.

QUARANTE-SIXIÈME LEÇON.

DE LA COUPE DES PIERRES.

La *coupe des pierres*, autrement le *trait*, est la partie la plus difficile de la construction ; c'est le secret de l'architecture. Les principes de cette science sont fondés sur la géométrie ; et de l'opération qu'on fait avec l'épure on passe à l'exécution, en traçant des pierres qui doivent remplir le vide auquel elles sont destinées, quelque irrégulier qu'il soit. Les meilleurs ouvriers font leur capital de cette pratique, et sont d'autant plus recommandables, qu'ils sont bons appareilleurs ; c'est pourquoi un entrepreneur, sans cette connaissance, est moins estimé que son appareilleur. Nous ne pouvons donner dans ce cours élémentaire que quelques détails sur cette partie de l'architecture.

DES CINTRES ET DES VOUTES EN MAÇONNERIE.

Toutes les baies se ferment, ou par cintres, dont les pierres se nomment voussoirs, ou par des plates-bandes avec des claveaux.

Les cintres sont ou en demi-cercle parfait, ou en plein-cintre, ou surbaissés, ou surmontés en tiers-point, ou lignes paraboliques, ou en biais, ou rampants, ou l'un ou l'autre.

Les *voûtes* peuvent être régulières ou irrégulières. On entend par voûtes régulières, celles qui n'ont ni biais, ni rampant, ni talus ; et par les irrégulières, le contraire. Chaque voussoir a six faces, deux panneaux de douelle, dont l'un est intérieur ou d'intrados et l'autre extérieur ou d'extrados ; deux panneaux de tête, dont l'un de front fait parement de l'arc par devant, et l'autre paraît derrière, si la pierre fait parpaing ; et deux panneaux de lit qui sont cachés dans la maçonnerie.

277. Dessinez le cintre d'une croisée.

L'élève dessinera une demi-circonférence qu'il partagera en neuf parties égales, il déterminera les joints des pierres par des rayons menés du centre B aux divisions de la circonférence. Le voussoir du milieu A se nomme la clef de la voûte.

278. Dessinez une voûte en plein cintre.

Même construction que pour la figure précédente.

279. Dessinez l'élévation et la coupole d'une niche en plein cintre.

L'élève tracera d'abord l'élévation A par les moyens ci-dessus ; il déterminera la coupole B par des verticales abaissées des joints des pierres comme l'indique la figure.

280. Dessinez une voûte surbaissée.

281. Dessinez une voûte en ogive.

Pour la construction de ces deux voûtes, l'élève imitera le dessin de la figure. Le tracé des joints n'offre aucune difficulté.

282. Dessinez une voûte surbaissée en anse de panier.

L'élève dessinera, comme l'indique la figure, deux circonférences tangentes ; il déterminera le point d'intersection A, qui lui servira à tracer la courbe de l'ellipse ; il partagera la demi-ellipse en parties égales ; de ces divisions qu'il aura obtenues au centre A de l'ellipse et au centre B des cercles, il déterminera les joints des pierres.

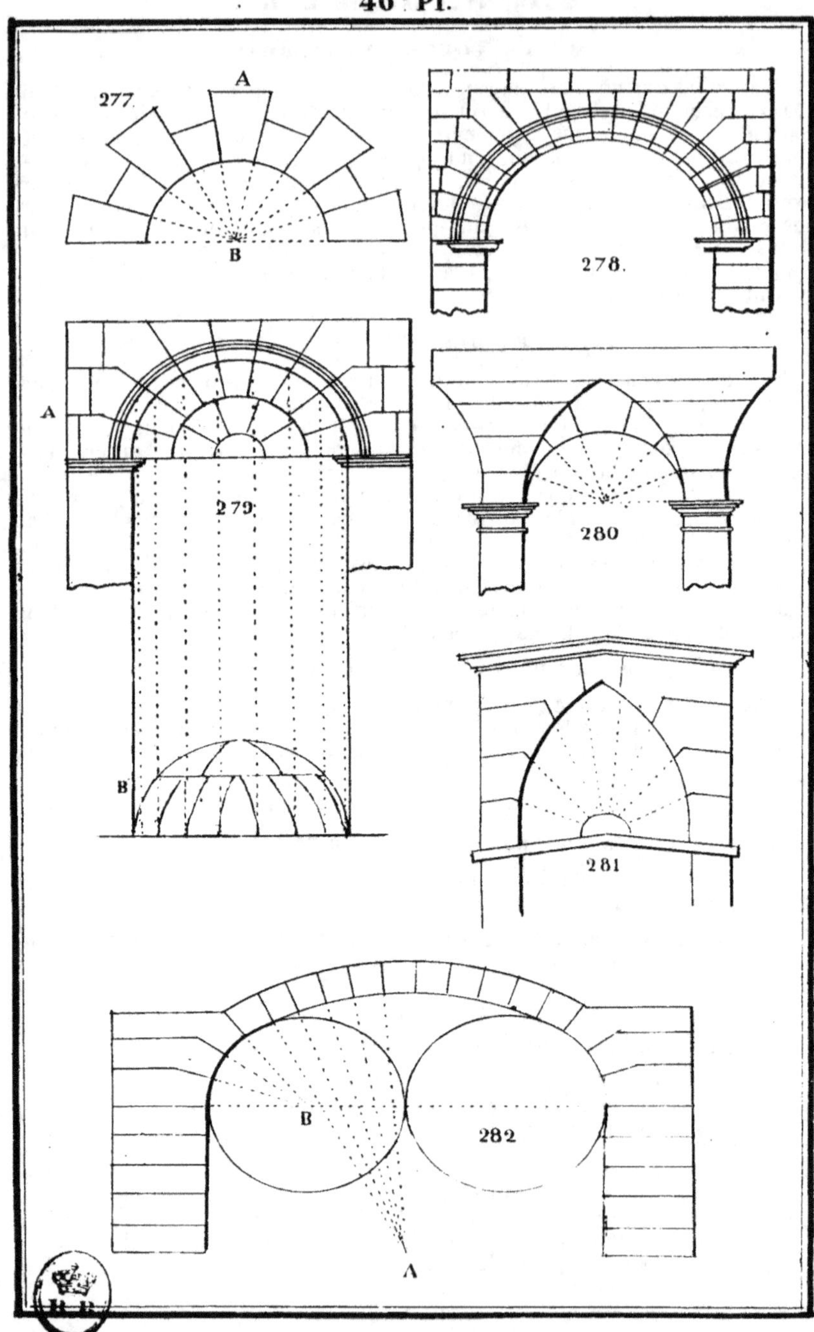

277
A
B
278.
A
279.
B
280
281
B
282
A

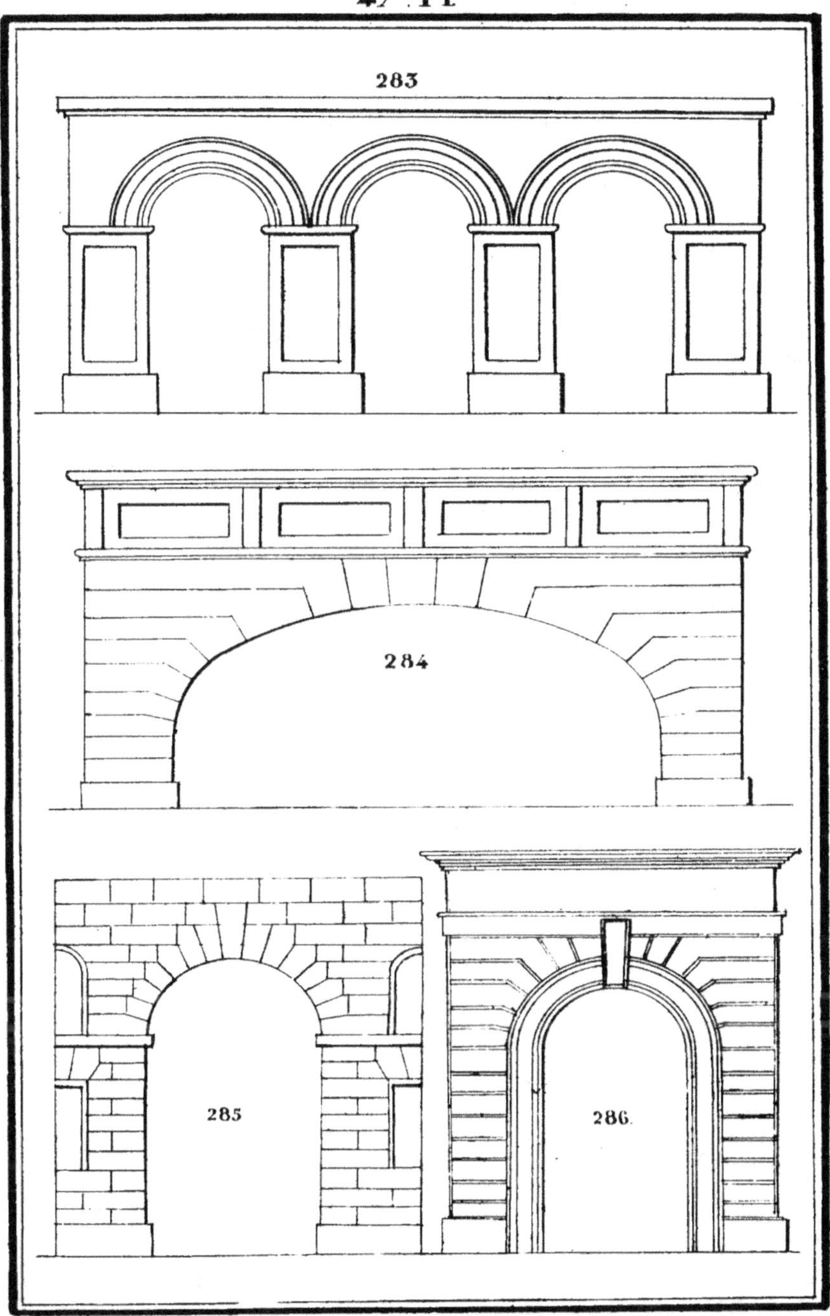
283
284
285
286

SUITE DE LA COUPE DES PIERRES.

283. Dessinez un tracé d'arcades.

L'élève dessinera d'abord les colonnes avec leurs plinthes et leurs corniches et décrira ensuite les archivoltes. En général, on donne aux arcades le double de hauteur que de largeur.

284. Dessinez une arcade de pont.

L'élève remarquera que le cintre de cette arcade est surbaissé en anse de panier; il dessinera donc une demi-ellipse, dont la longueur et la largeur sont données, comme il est indiqué à la figure 191; il dessinera les joints des pierres et copiera le reste du dessin.

285. Dessinez une porte d'entrée de cour en pierre de taille.

Pour la construction de cette porte qui, du reste, n'offre aucune difficulté, l'élève, après avoir tracé une horizontale, mènera une verticale passant par le milieu de la porte et de la clef de la voûte.

286. Dessinez une porte d'entrée d'hôtel.

L'élève marquera d'abord la largeur et la hauteur de la baie; il dessinera les arcs et les moulures; il déterminera la largeur des jambages par des verticales extérieures; il dessinera la corniche, la clef de la voûte et les joints des pierres.

Sixième Partie.

MARBRERIE.

QUARANTE-HUITIÈME LEÇON.

DES CHEMINÉES.

Dans une cheminée ordinaire, on distingue : 1° la *tablette* A ; 2° la *traverse* B ; et les *jambages* CC.

287. Dessinez l'élévation d'une cheminée ordinaire.

L'élève tracera une horizontale pour la base, il élèvera deux verticales représentant la largeur de la cheminée; il dessinera la traverse, la tablette formant corniche, ensuite les jambages, puis les côtés E et le devant F, qui sont évasés.

288. Dessinez la coupe d'une cheminée ordinaire.

La coupe offre la profondeur de la cheminée. Aucune difficulté pour la tracer.

289. Dessinez l'élévation d'une cheminée de chambre à coucher.

L'élève dessinera d'abord les pilastres formant jambages, la tablette formant corniche, laquelle est soutenue par deux petites consoles D; il dessinera ensuite la traverse et les montants de la cheminée, puis le cadre du foyer ABCD.

290. Dessinez la coupe d'une cheminée de chambre à coucher.

Aucune difficulté. Les dimensions de l'élévation serviront pour la construction de la coupe.

291. Dessinez l'élévation d'une cheminée de salon.

L'élève remarquera que cette cheminée est beaucoup plus riche que les précédentes ; les jambages sont à consoles et pattes de lion ; la traverse est à glace. Pour la construction de cette cheminée, l'élève tracera une horizontale pour la base; il dessinera les jambages, la traverse, la corniche, et tous les autres détails.

292. Dessinez le plan d'une cheminée de salon.

Aucune difficulté.

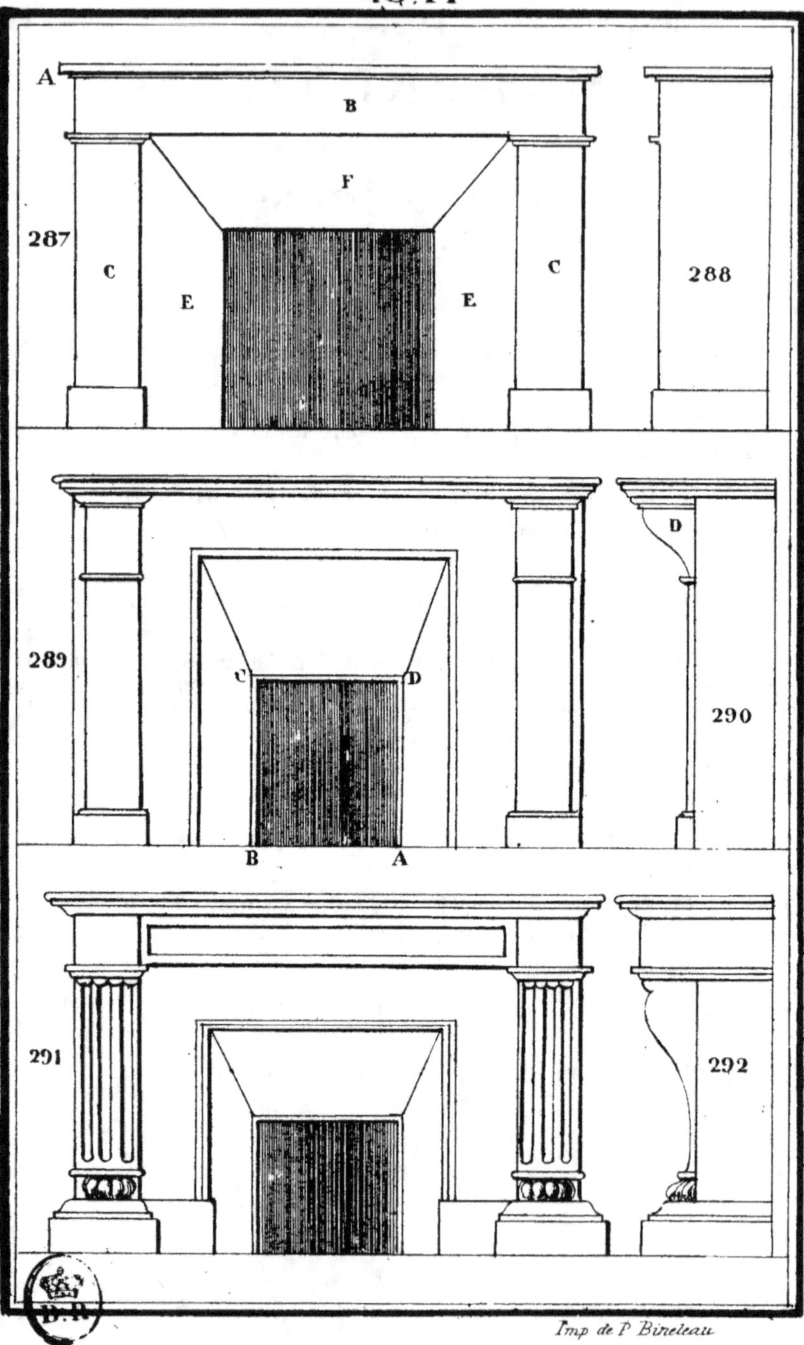
A
B
F
287
C
E
E
C
288
289
D
C
D
290
B
A
291
292
Imp de P Bineteau

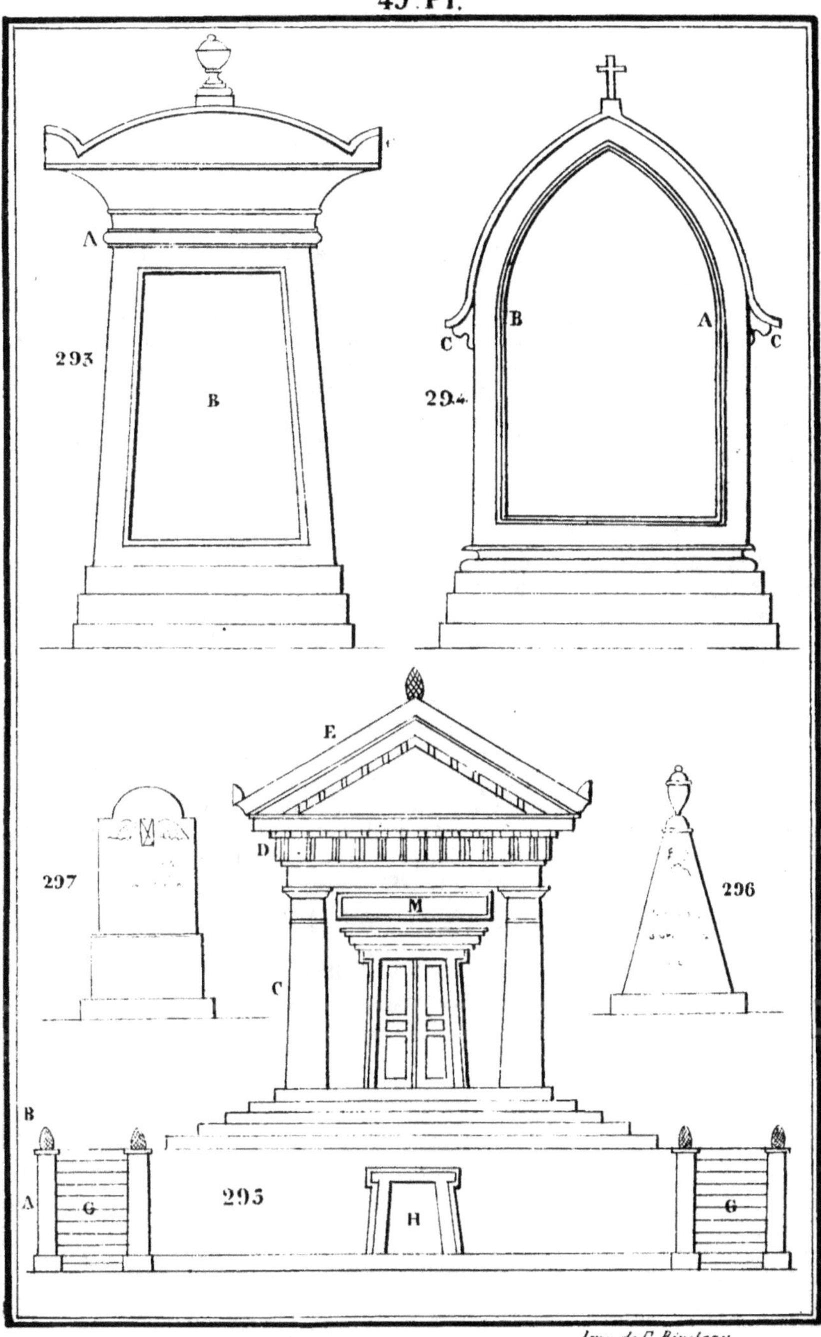

Imp. de C.^e Bineteau

QUARANTE-NEUVIÈME LEÇON.

DES TOMBEAUX.

Un *tombeau* est un monument élevé à la mémoire d'une personne, au lieu où ses cendres reposent. On les construit en marbre, en pierres, en fer, ou en bronze.

Les dessins que nous donnons ici ont été choisis parmi les tombeaux du cimetière du Père Lachaise.

293. Dessinez l'élévation d'un tombeau ordinaire, avec fronton circulaire, surmonté d'une urne.

L'élève dessinera une horizontale pour la base, il élèvera une verticale qui devra partager le tombeau et l'urne en deux parties symétriques ; il tracera les trois plates-bandes ou socles de la base, puis l'astragale A ; il tirera deux obliques de l'astragale au dernier socle pour former la largeur du tombeau ; il dessinera la corniche qui est formée par un quart de rond ; il tracera ensuite le panneau B avec ses moulures, le fronton C, et il terminera par le dessin de l'urne.

294. Dessinez un tombeau simple, terminé en ogive, surmonté d'une croix.

L'élève ayant tracé une horizontale pour la base, tracera une verticale passant par le milieu du tombeau et de la croix ; il déterminera la hauteur et la largeur du tombeau ; il tracera les ogives dont les centres sont en A et en B ; il dessinera les moulures de la base, les consoles C et l'ogive supérieure. Il terminera par la croix.

295. Dessinez un tombeau riche, à colonnes et entablement, surmonté d'un fronton.

L'élève dessinera d'abord le soubassement A, avec tous les détails tels que les pilastres, les escaliers G, la porte H ; ensuite il dessinera les marches de l'escalier sur lequel reposent les colonnes ; il dessinera ces colonnes qui sont de l'ordre dorique grec, puis l'entablement D et le fronton E ; enfin, la porte supérieure, puis la frise M dans laquelle on place l'inscription. Ce tombeau convient pour un grand personnage.

296. Dessinez un tombeau ayant la forme d'une pyramide.

297. Dessinez un tombeau de jeune enfant.

La construction de ces deux tombeaux ne présente pas de difficulté.

CINQUANTIÈME LEÇON.

DES PIÉDOUCHES, VASES ET URNES.

On appelle *piédouche*, une petite base ronde ou carrée, en adoucissant avec moulures, servant à poser un buste ou quelque petite figure en ronde bosse. On emploie aussi les piédouches pour couronnement.

298. Dessinez un piédouche.

L'élève tracera d'abord une horizontale pour la base, ensuite une verticale qui devra partager le piédouche en deux parties symétriques. Il marquera sur la verticale la hauteur des moulures, il mènera des horizontales par les points qu'il aura déterminés, et dessinera la saillie de toutes les moulures en commençant par le socle, les filets, le quart de rond et la scotie.

299. Dessinez une coupe antique.

L'élève ayant tracé une horizontale pour la base, mènera une verticale passant par le milieu de la coupe; il dessinera les moulures comme pour le piédouche, ensuite le fond de la coupe, puis la corniche.

300. Dessinez le vase appelé vase de Médicis.

L'élève remarquera que le corps de ce vase est un cylindre, que le fond est formé d'un hémisphère supporté par un piédouche; sa construction offre peu de difficulté.

301. Dessinez l'élévation d'un bassin de jet d'eau.

L'élève, ayant tracé une horizontale pour la base et une verticale passant par le milieu du jet d'eau, dessinera le bassin inférieur A, puis la colonne B qui soutient un autre bassin formé par une doucine, il achèvera son dessin par le jet des eaux montant et retombant.

302. Dessinez un vase antique avec anses.

L'élève remarquera que la partie principale de ce vase est formée par la révolution d'un ovale tronqué aux deux extrémités, il dessinera donc, par les moyens ci-dessus indiqués, d'abord le piédouche, ensuite l'ovale tronqué, le col du vase, puis les anses.

303. Dessinez un vase étrusque avec anses.

L'élève observera que la partie principale de ce vase est formée par deux arcs de cercle qui se raccordent par le haut à un quart de rond, que le piédouche est formé par une doucine renversée avec deux filets. L'ensemble de ce vase étant établi, l'élève dessinera les ornements qui lui donnent du relief.

304. Dessinez un verre à pied.
305. Dessinez un verre à champagne.

La construction de ces vases n'offre aucune difficulté.

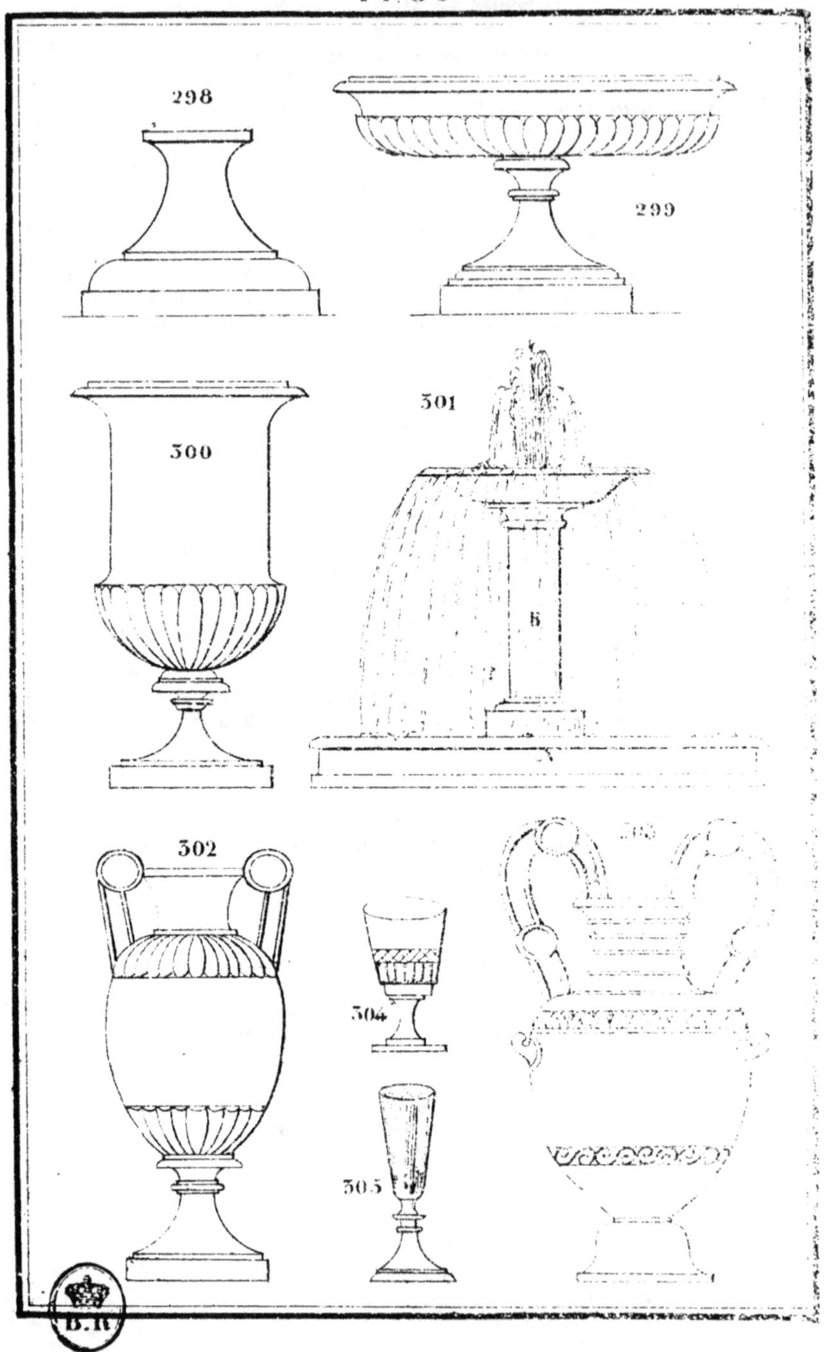

298
299
300
301
302
304
305

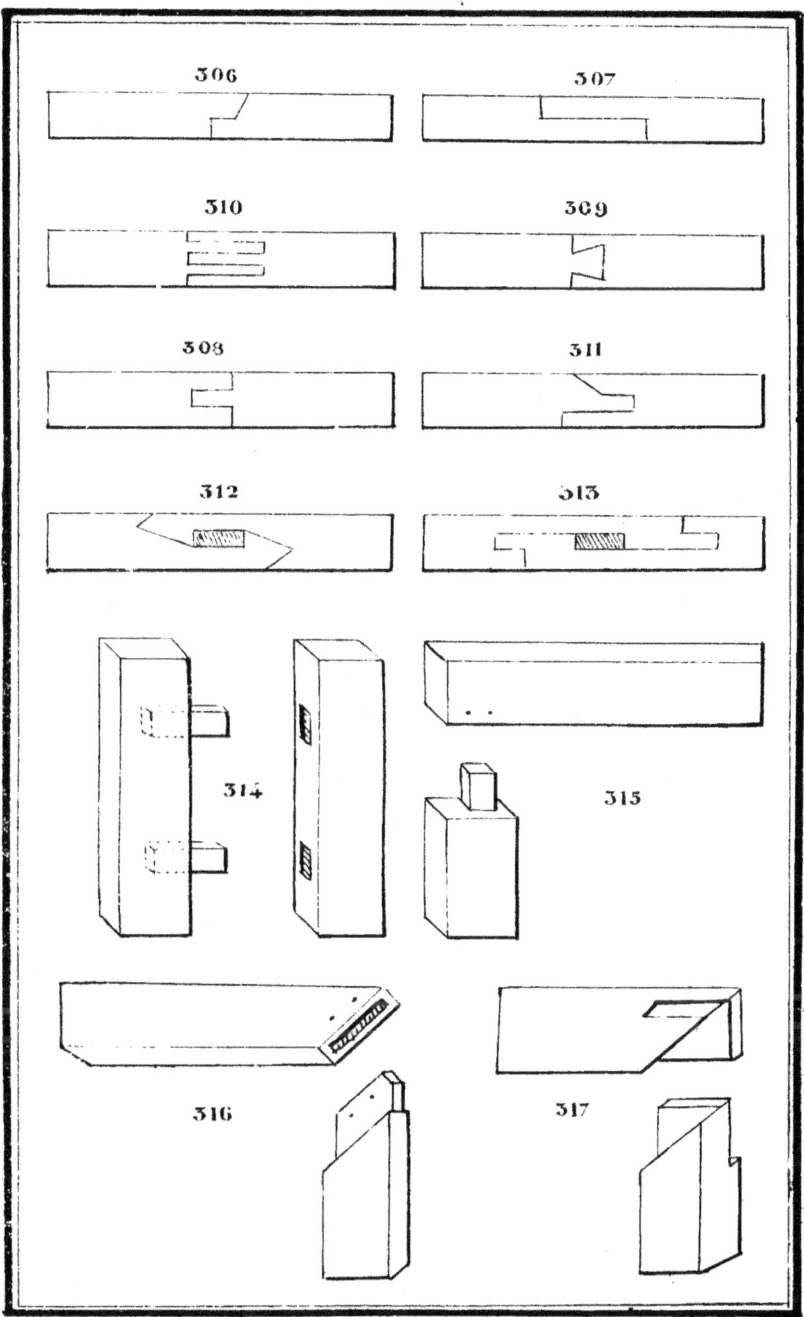

306
307
310
309
308
311
312
313
314
315
316
317

Septième Partie

CHARPENTE.

CINQUANTE-UNIÈME LEÇON.

La *charpente* est l'art de construire certaines parties de bâtiment, avec des pièces de bois assemblées et disposées avec régularité ; c'est l'art, en un mot, de travailler les grosses pièces de bois. .

DES ASSEMBLAGES.

On appelle *assemblage* la réunion de deux ou plusieurs pièces de bois jointes ensemble solidement. On distingue un grand nombre d'assemblages dont voici les plus employés pour les pièces de longueur : 1° assemblage à *paume* ; 2° à *mi-bois* ; 3° à *tenon et mortaise* ; 4° à *queue d'aronde* ; 5° à *enfourchement* ; 6° à *tenon et mortaise* avec *mors d'âne* ; 7° à *trait de Jupiter* ; 8° à *clefs*, etc. Les assemblages carrés sont : 1° les assemblages à *simple tenon et mortaise* ; 2° à *tenon et mortaise* avec *onglet* ; 3° à *onglet et à mi-bois*.

306. Dessinez un assemblage à repos à paume.

307. Dessinez un assemblage à mi-bois.

308. Dessinez un assemblage à tenon et mortaise.

309. Dessinez un assemblage à queue d'aronde.

310. Dessinez un assemblage à enfourchement.

311. Dessinez un assemblage à tenon et mortaise avec mors d'âne.

312 et 313. Dessinez des assemblages à trait de Jupiter.

314. Dessinez un assemblage à clefs.

315. Dessinez un assemblage carré à simple tenon et mortaise.

316. Dessinez un assemblage carré à onglet et à tenon et mortaise.

317. Dessinez un assemblage carré à onglet et à mi-bois.

Le tracé de ces différents assemblages n'offre aucune difficulté, l'élève tracera d'abord la largeur des pièces de bois et dessinera ensuite les assemblages tels que l'indiquent les figures.

CINQUANTE-DEUXIÈME LEÇON.

DES PANS DE BOIS.

Les *pans de bois* sont des systèmes de charpente et de maçonnerie pour remplacer un mur en pierres ou en briques. Dans un pan de bois, on distingue les pièces de bois suivantes : 1° les *sablières*; 2° les *poteaux*; 3° les *linteaux*; 4° les *décharges*; 5° la *croix de Saint-André*; 6° les *tournisses*; 7° et le *poitrail*.

518. Dessinez un pan de bois.

L'élève tracera une horizontale pour la base et une verticale partageant le pan en deux parties égales ; il dessinera ensuite le socle, puis la sablière basse A, la sablière haute B, les poteaux corniers C, le poitrail D, les linteaux E, les poteaux d'huisserie F, les décharges G, les croix de St-André H, les tournisses I, les poteaux de remplissage J enfin, les plates-bandes K et les harpons L en fer qui retiennent l'écartement.

DES PLANCHERS.

Il y a plusieurs manières de disposer les pièces de bois pour la construction d'un plancher. Dans les planchers simples, les pièces de bois ou solives sont scellées dans les murs. Dans les planchers à poutres, les solives portent au moins d'un bout sur une forte pièce de bois qui traverse la chambre, ou bien les bouts sont assemblés dans de fortes lambourdes. Dans les planchers à poutrelles de petites dimensions, ces poutrelles sont assemblées dans un encadrement de lambourdes posées le long des murs.

Les différentes pièces de bois que l'on distingue dans un plancher sont : 1° les *solives d'enchevêtrure*; 2° les *chevrettes* qui forment la trémie; 3° les *poutres*; 4° les *solives boiteuses*; 5° les *étrésillons*; 6° les *solives*.

519. Dessinez un plancher simple.

L'élève tracera d'abord les dimensions de la chambre, il dessinera ensuite l'enchevêtrure A, les chevrettes B, les solives boiteuses C, enfin les solives D.

520. Dessinez un plancher à poutre.

L'élève dessinera d'abord la poutre E, puis les enchevêtrures A, les chevrettes B, enfin les solives D.

DES PONTS.

Dans les ponts en charpente, les poutres et les planchers sont appuyés sur des piles en maçonnerie, ou sur des palées. Les palées sont composées d'une pile de pieux battus dans la direction du courant des eaux.

521. Dessinez l'élévation d'un pont en charpente.

L'élève dessinera une horizontale pour la base, il tracera les piliers, ensuite les différentes pièces de bois telles que l'indique le dessin.

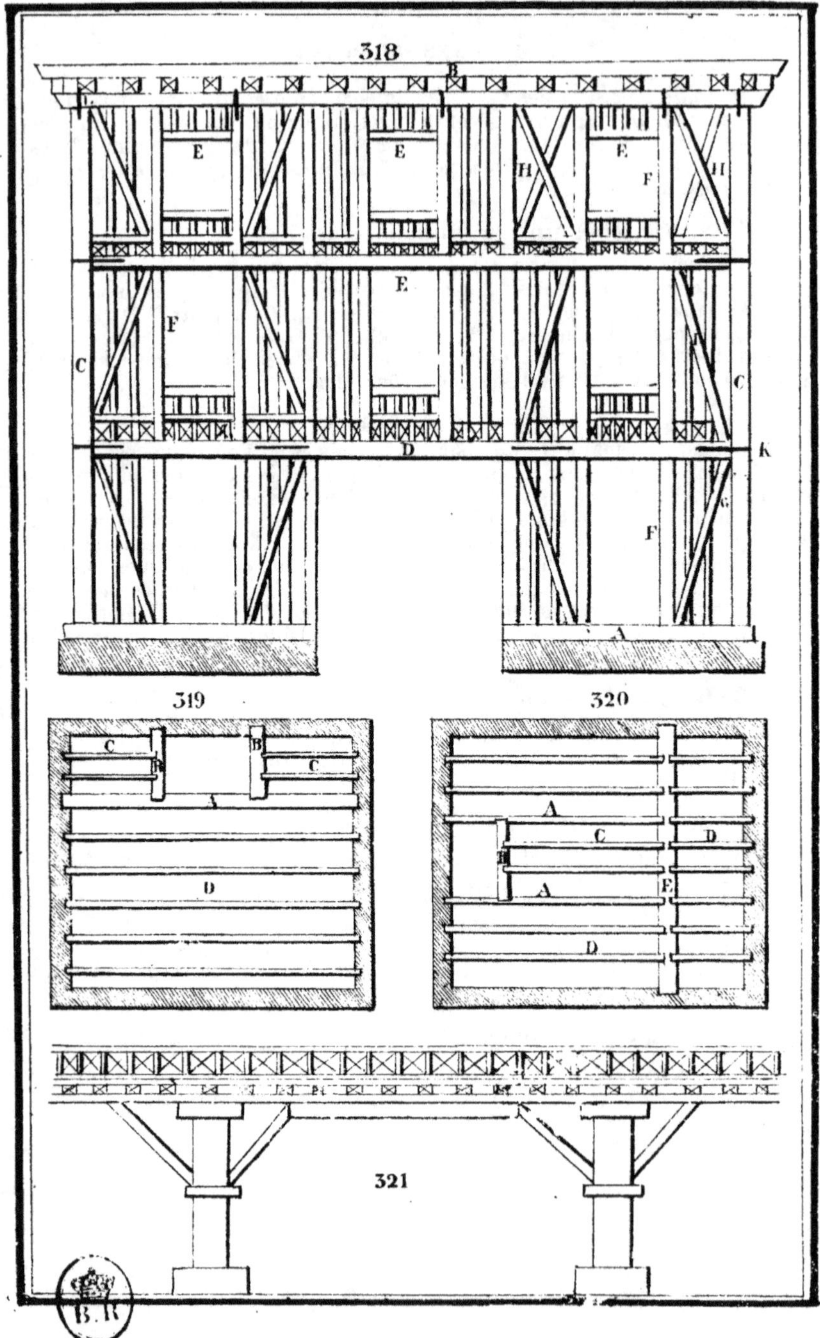
318
E E E F
H H
E
F
C C
D k
F
319 320
C B
C
D
A C D
A
D
B
A
D E
321

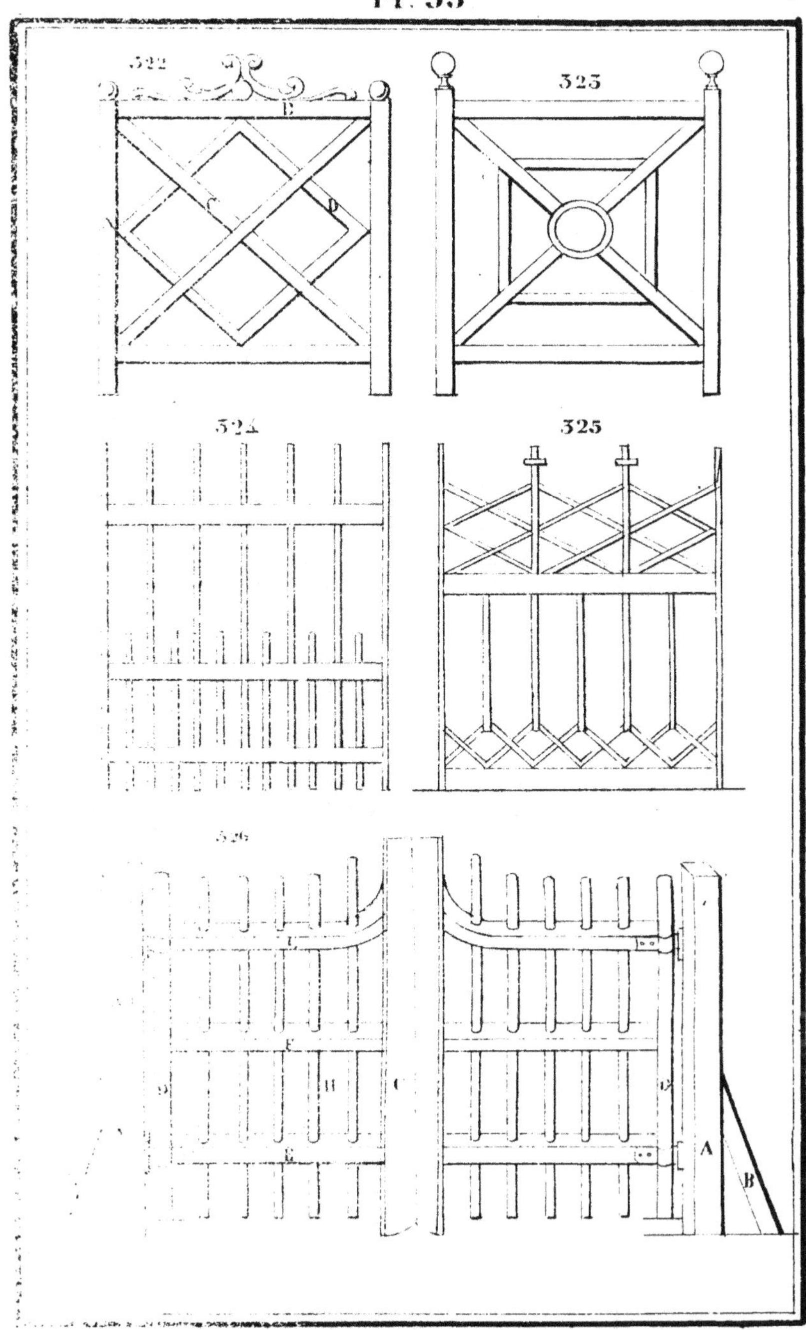

CINQUANTE-TROISIÈME LEÇON.

DES BARRIÈRES.

Une *barrière* est un assemblage de pièces de bois fermant un passage. On appelle *garde-fou* une barrière que l'on place sur un précipice.

Dans une barrière on distingue les *montants*, les *traverses* et les *croisillons*.

322. Dessinez une barrière avec croisillons.

L'élève dessinera d'abord les montants A, ensuite les traverses B et les grands croisillons C; il partagera les traverses et les montants en deux parties égales aux points A et B et tracera les petits croisillons D.

323. Dessinez une autre barrière avec croisillons et rosace.

La construction de cette barrière est facile; l'élève remarquera que les grands croisillons sont assemblés à arasement sur la rosace et à fausses coupes aux angles du bâtis, que les petits croisillons sont ajustés sur les grands par un tenon et une mortaise.

324. Dessinez un garde-fou simple.

L'élève, ayant tracé une horizontale pour la base, dessinera d'abord les traverses, puis les grands montants, enfin les petits.

325. Dessinez un autre garde-fou plus composé.

L'élève dessinera d'abord les traverses horizontales, puis les montants verticaux, enfin les croisillons qui devront former des losanges égaux.

326. Dessinez une grande porte en charpente.

L'élève remarquera que cette porte est composée de deux vantaux fixés avec charnières aux montants. Pour la construire, il dessinera d'abord les montants fixes A, les étais B; il partagera la distance de ces montants en deux parties égales par une verticale; il dessinera les montants C et D des vantaux, puis les traverses E, F, G, les charnières, enfin les fuseaux H.

DES FERMES OU COMBLES.

Les *fermes* sont une partie importante de la charpente ; c'est un assemblage de pièces de bois qui forment le comble d'un bâtiment, et qui sert de soutien à la couverture.

Dans un comble à deux égouts, on distingue les pièces de bois suivantes : 1° le *tirant* A, qui doit porter sur le mur dans les deux tiers de son épaisseur ; 2° les *arbalétriers* B ; 3° l'*entrait* C ; 4° le *poinçon* D ; 5° les *contre-fiches* E ; 6° les *liens* ou *aisseliers* F ; 7° les *chevrons* G ; 8° les *pannes* H ; 9° le *faîtage* I ; 10° et les *coyaux* J.

527. Dessinez une ferme ou comble à deux égouts.

L'élève dessinera d'abord les murs M, il tracera une verticale passant par le milieu du comble, il marquera la hauteur de la ferme, et dessinera les pièces de bois dans l'ordre détaillé ci-dessus, le tirant, les arbalétriers, l'entrait, le poinçon, les contrefiches, les aisseliers, les chevrons, les pannes, le faîtage et les coyaux.

528. Dessinez un comble en mansardes.

L'élève remarquera que ce comble se compose des mêmes parties que le précédent, qu'il n'y a de plus que la jambe de force K. L'espace L est disposé en appartements appelés mansardes. Même construction que pour le précédent.

DES CINTRES EN CHARPENTE.

Les *cintres* que l'on emploie pour la construction des voûtes de cave ou d'arcades varient suivant la courbure de la voûte et la nature des matériaux. Dans la charpente d'un cintre, on distingue les pièces de bois suivantes : 1° l'*entrait* A ; 2° le *poinçon droit* B ; 3° les *poinçons obliques* C ; 4° les *courbes* D ; 5° les *étais* E ; 6° la *contrefiche* F ; 7° la *sablière* G.

529. Dessinez un cintre en charpente pour la construction des voûtes de cave.

L'élève ayant tracé une horizontale pour la base, tirera une verticale passant par le milieu du cintre, il dessinera les murs, l'entrait, la sablière, la contrefiche, les étais, le poinçon droit, les poinçons obliques, et les courbes.

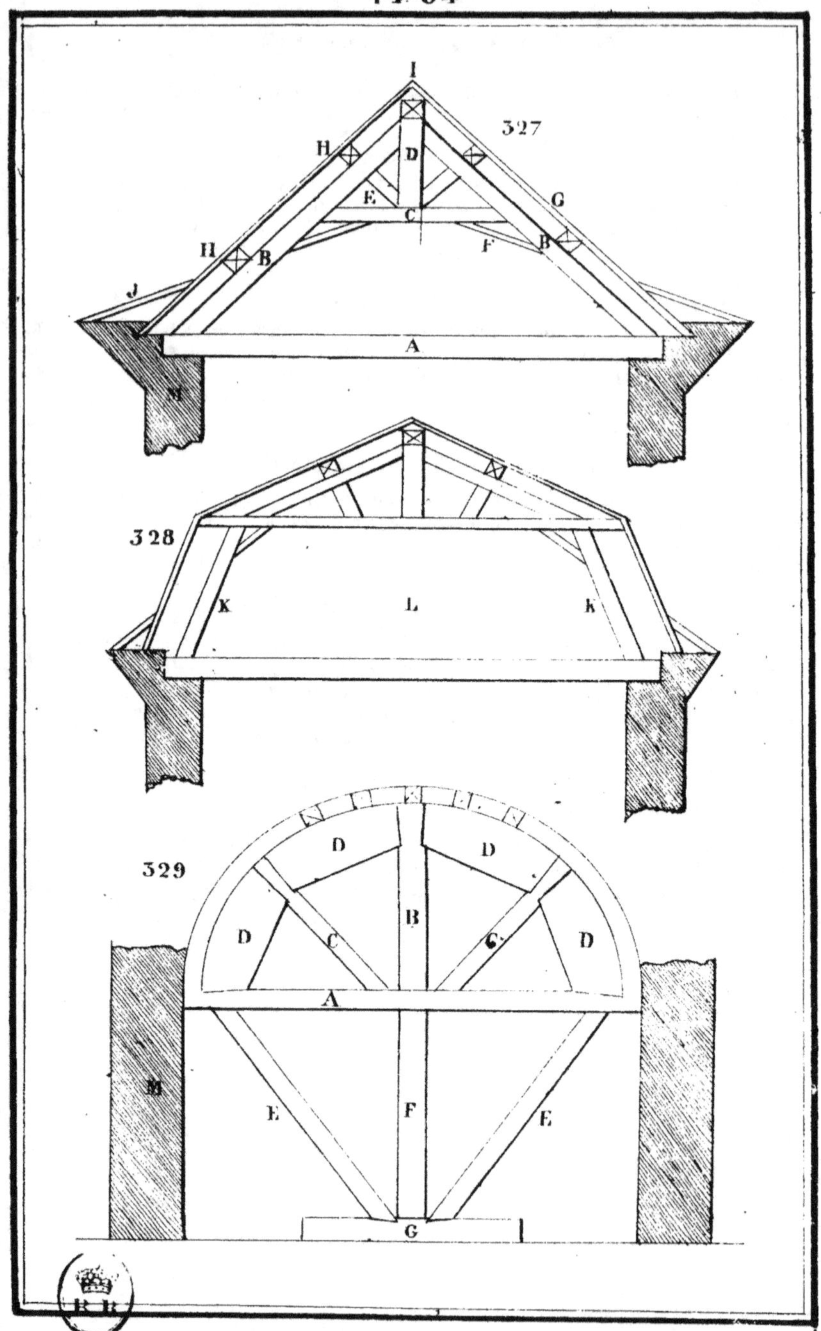
327
I
H
D
E
G
C
H
B
F
B
J
A
M
328
X
L
k
329
D
D
D
C
B
C
D
A
E
F
E
M
G

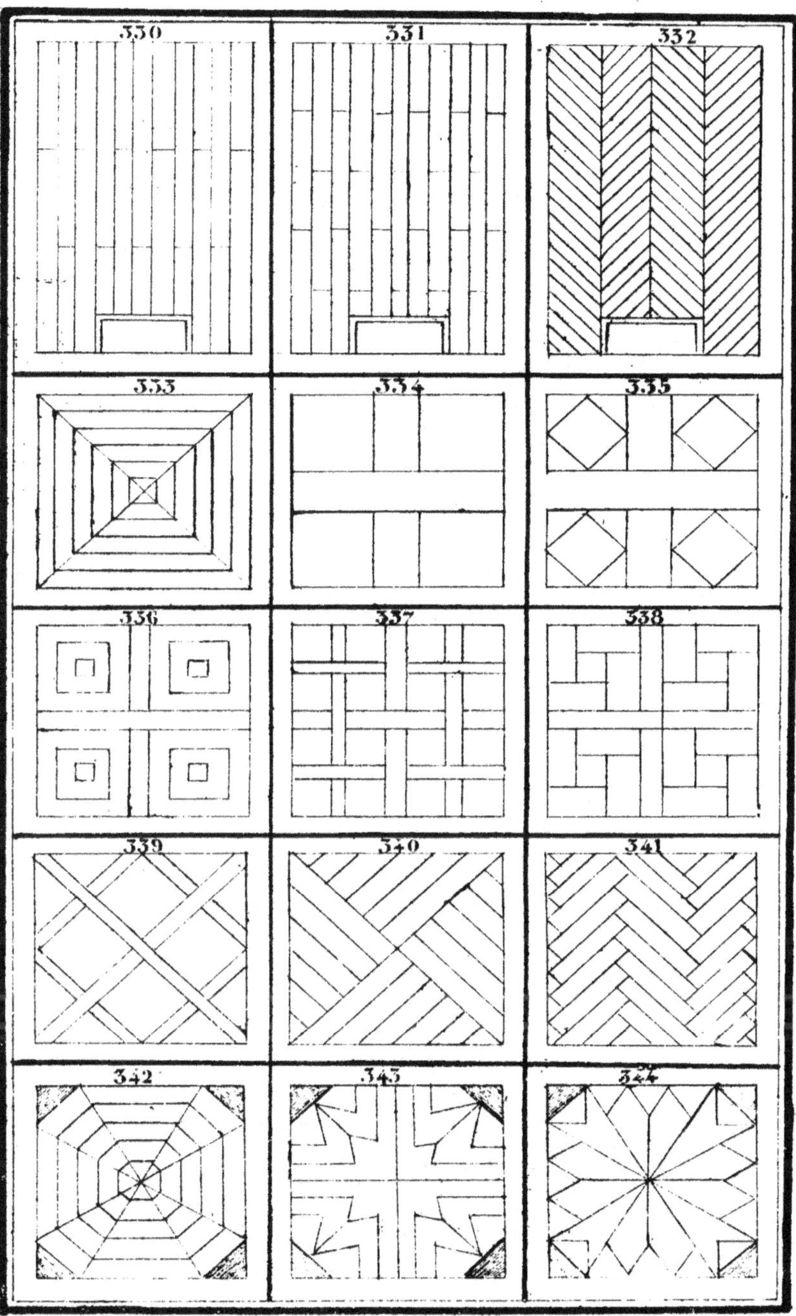

Huitième Partie

MENUISERIE.

CINQUANTE-CINQUIÈME LEÇON.

La *menuiserie* est l'art de travailler proprement le bois. Aucun art industriel n'offre autant de travaux diversifiés.

DES PLANCHERS ET PARQUETS.

On distingue un grand nombre de planchers et parquets, les uns sont à frises d'autres à point de Hongrie, d'autres enfin sont formés par des traverses et des panneaux.

Dans les planchers à frises, les planches sont assemblées à rainures et languettes, coupées soit carrément, soit à onglet ou en biais, et fixées sur de petites solides nommées *lambourdes*.

Dans les parquets composés de traverses et de panneaux, les traverses qui se croisent sont assemblées à tenons et mortaises, et les panneaux sont assemblés, aux traverses à rainures et languettes.

550. Dessinez un plancher à frises ordinaires.

551. Dessinez un plancher à frises et à coupe perdue.

552. Dessinez un parquet à point de Hongrie, les frises coupées à onglet.

553. Dessinez un parquet formé par des carrés inscrits.

554. Dessinez un parquet composé de deux traverses et de quatre panneaux carrés.

555. Dessinez un parquet composé de deux traverses et de quatre losanges.

556. Dessinez un parquet composé de traverses et de carrés inscrits.

557. Dessinez un parquet composé de traverses formant seize carrés.

558. Dessinez un parquet formé de deux grandes traverses, le carré intérieur entouré de quatre frises d'égale longueur.

559. Dessinez un parquet formé par des traverses disposées obliquement.

540. Dessinez un parquet formé par des frises disposées obliquement et tombant carrément sur les diagonales du carré.

541. Dessinez un parquet à point de Hongrie, les frises coupées carrément.

542. Dessinez un parquet composé d'octogones semblables inscrits.

543 et 544. Dessinez des parquets riches.

Pour la construction de ces figures, tout se résout à tirer des droites de manière à former des compartiments symétriques.

CINQUANTE-SIXIÈME LEÇON.

DES PORTES PLEINES.

Les *portes pleines* sont composées de planches assemblées à rainures et languettes. On cloue deux barres horizontales et une écharpe oblique pour retenir l'écartement, ou bien on ajoute à chaque bout en haut et en bas de la porte une traverse que l'on nomme emboîture ; ces traverses sont assemblées à tenons et mortaises, et rainures et languettes.

Lorsqu'on emploie les portes pleines pour portes d'appartement on rapporte sur les faces des moulures formant cadres à glace.

345. Dessinez une porte pleine avec barres à queue et écharpe.

L'élève tracera d'abord un rectangle représentant la largeur et la hauteur de la porte, il dessinera ensuite les barres A, l'écharpe B, et les planches C.

346. Dessinez une porte pleine emboîtée.

L'élève dessinera d'abord les planches, puis les emboîtures A.

347. Dessinez une porte pleine, avec moulures rapportées.

L'élève ayant dessiné un rectangle de la hauteur et de la largeur de la porte, dessinera les cadres formés avec des moulures rapportées.

DES PORTES A PANNEAUX D'ASSEMBLAGE.

Les *portes à panneaux d'assemblage* se composent 1° d'un *bâtis* composé de deux *montants* et de trois ou quatre *traverses* assemblés à tenons et mortaises ; 2° de deux ou trois *panneaux* en planches moins épaisses que celles du bâtis assemblées à rainures et languettes.

348. Dessinez une porte à panneaux d'assemblage.

L'élève construira un rectangle de la largeur et de la hauteur de la porte ; il tracera les montants A, les traverses B du bâtis et dessinera ensuite les moulures. Le panneau supérieur C est coupé à pointe de diamant, celui du milieu D se nomme frise.

449. Dessinez une porte vitrée.

L'élève fera un rectangle comme pour la figure précédente, il dessinera le panneau plein A, la frise B, ensuite le panneau vitré C divisé en quatre carreaux égaux.

350. Dessinez une porte à claire voie.

Aucune difficulté pour la construction de cette porte dont le panneau supérieur est à jour et formé par des traverses montantes.

DES PORTES D'APPARTEMENTS A DEUX VANTAUX.

Les *portes d'appartements riches* se composent de deux vantaux distribués en plusieurs panneaux. Les deux vantaux se recouvrent à mi-bois.

351—352. Dessinez une porte d'appartement à deux vantaux.

L'élève construira d'abord un rectangle, comme pour les figures précédentes, et dessinera ensuite les moulures des panneaux comme l'indiquent les dessins.

DES PORTES COCHÈRES.

Les *portes cochères* se construisent aussi en deux vantaux, le panneau supérieur est ordinairement à jour.

353—354. Dessinez une porte cochère.

L'élève dessinera cette porte sans difficulté s'il a bien réussi dans la construction des précédentes.

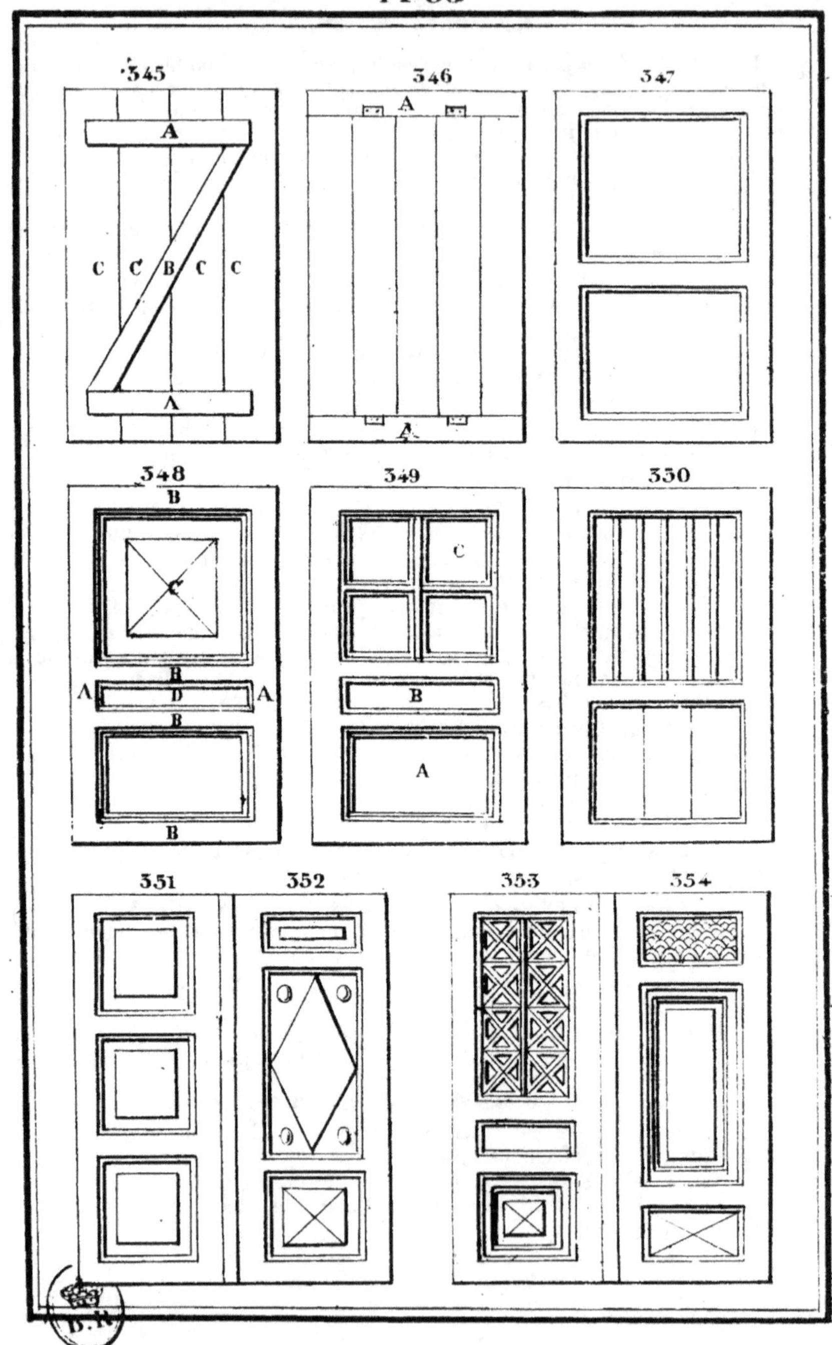
345
A
C C B C C
A
346
A
A
347
348
B
C
B
A D A
B
B
349
C
B
A
350
351
352
353
354

Pl.º 57
355
356
357
358
359
360
361
362
363

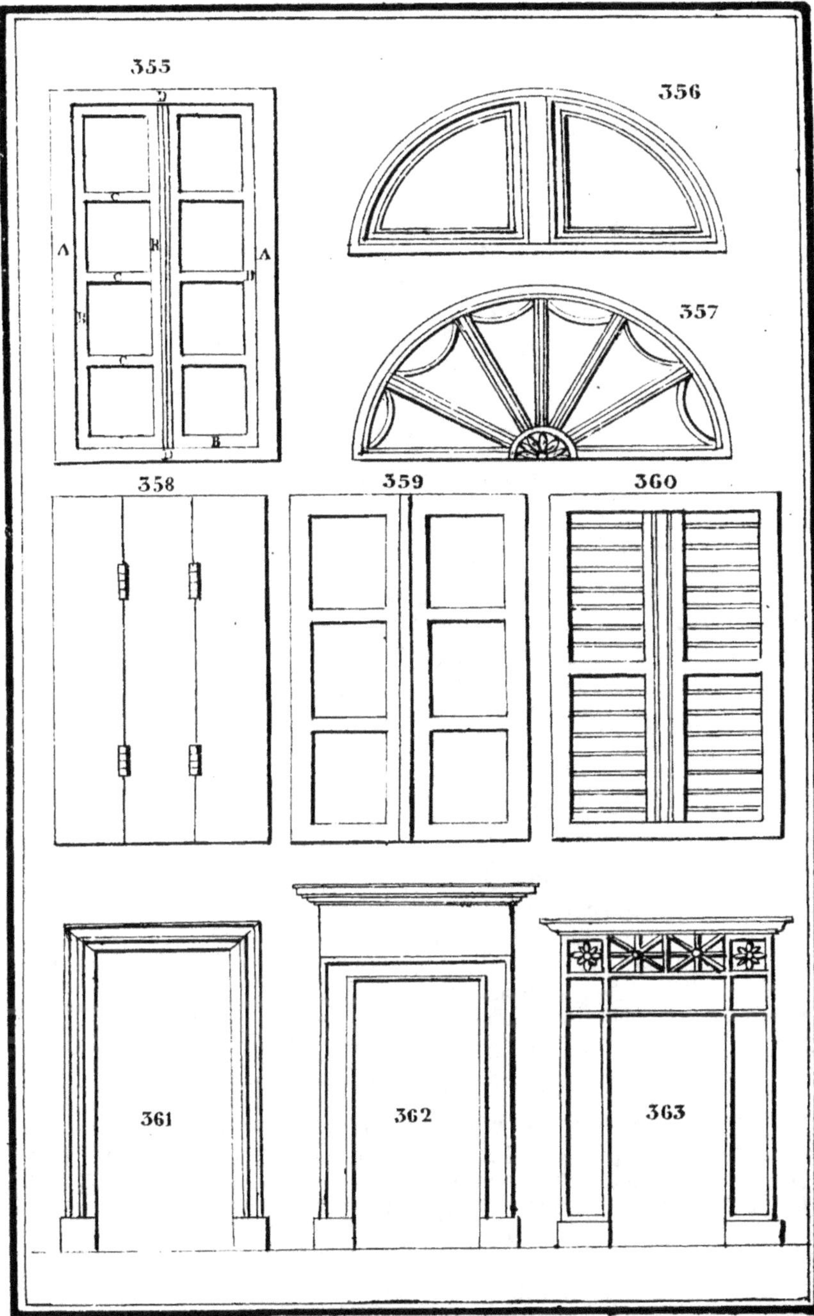

CINQUANTE-SEPTIÈME LEÇON.

DES CROISEES.

Une *croisée* ordinaire à grands carreaux, se compose 1º d'un *dormant* A, fixé contre le mur; 2º de deux *vantaux* B, divisés en quatre *carreaux* égaux par des petits bois C. Les vantaux qui sont fixés au dormant par des charnières ou par des fiches à nœuds s'emboîtent à l'autre extrémité l'un dans l'autre, à *gueule de loup* D, ou se recouvrent à *mi-bois*.

355. Dessinez une croisée à grands carreaux.

L'élève tracera d'abord le dormant, puis la gueule de loup, les montants et les traverses des vantaux, qu'il divisera en quatre parties égales, et dessinera les petits bois.

DES IMPOSTES CINTREES A JOUR.

Un châssis d'*imposte cintrée*, placé au-dessus d'une porte, est immobile; lorsqu'il est placé dans un entresol, il forme croisée et se compose d'un dormant et d'un châssis mobile.

356. Dessinez une imposte cintrée à deux vantaux.

L'élève tracera une horizontale pour la base et décrira une demi-circonférence qu'il partagera en deux parties égales; il dessinera le montant, les traverses et les courbes avec toutes les moulures.

357. Dessinez une imposte cintrée de porte cochère.

Même opération.

DES VOLETS.

Les *volets* se construisent, ou comme des portes pleines emboîtées, ou comme des portes à panneaux d'assemblage.

358. Dessinez des volets pleins.

359. Dessinez des volets brisés à panneaux d'assemblage.

La construction de ces figures est d'une exécution facile.

DES PERSIENNES.

Les *persiennes* se composent de deux vantaux, composés chacun de deux montants, de trois traverses et d'un certain nombre de petites lames minces mobiles ou immobiles.

360. Dessinez des persiennes.

Aucune difficulté pour la construction.

DES CHAMBRANLES DE PORTES.

On appelle *chambranle*, un assemblage de deux montants et d'une traverse supérieure. Le chambranle est fixé contre l'huisserie et reçoit les vantaux de la porte auxquels ils sont fixés par des fiches ou autres ferrements.

461. Dessinez un chambranle simple avec moulures.

362. Dessinez un chambranle avec corniche.

563. Dessinez un chambranle avec imposte carrée à jour.

Pour la construction de ces chambranles, l'élève ayant tracé une horizontale pour la base, élèvera les montants avec des verticales, il dessinera la traverse, puis les moulures, la corniche, etc.

CINQUANTE-HUITIÈME LEÇON.

DES LAMBRIS.

Les *lambris* sont des assemblages de menuiserie que l'on place le long des murs pour préserver ceux-ci de l'humidité.

564. Dessinez des lambris.

L'élève tracera une horizontale AB pour la base, il élèvera des verticales à chaque extrémité, il déterminera la hauteur d'appui CD, puis l'astragale E, et dessinera la corniche G, puis il fera la division des panneaux, comme l'indique la figure.

DES DEVANTURES DE BOUTIQUE.

Les *devantures de boutique* sont plus ou moins compliquées. En général, elles sont composées de plusieurs vantaux égaux, vitrés dans la partie supérieure et dont l'un sert de porte d'entrée du magasin. On rapporte sur les côtés; des pilastres avec moulures et ornements, le soubassement peut être décoré ou divisé en panneaux à pointes de diamant. Une corniche surmonte la devanture.

565. Dessinez une devanture de boutique.

L'élève dessinera d'abord une horizontale pour la base, il élèvera une verticale qui passera par le milieu de la devanture; il dessinera le soubassement A qu'il divisera en cinq parties égales; il élèvera les doubles colonnes des extrémités et les pilastres placés entre les vantaux; il dessinera l'entablement et la corniche; puis il divisera la hauteur des vantaux en quatre parties égales et la largeur de chacun en deux parties; il dessinera les petits bois des carreaux et décrira des demi-circonférences pour les carreaux supérieurs; enfin il tracera les cadres ou moulures des panneaux du soubassement.

566. Dessinez un comptoir à tiroir.

L'élève dessinera d'abord le socle ou plinthe, il élèvera les verticales des extrémités du comptoir, il tracera la corniche, puis il divisera la largeur en trois parties égales et dessinera les tiroirs.

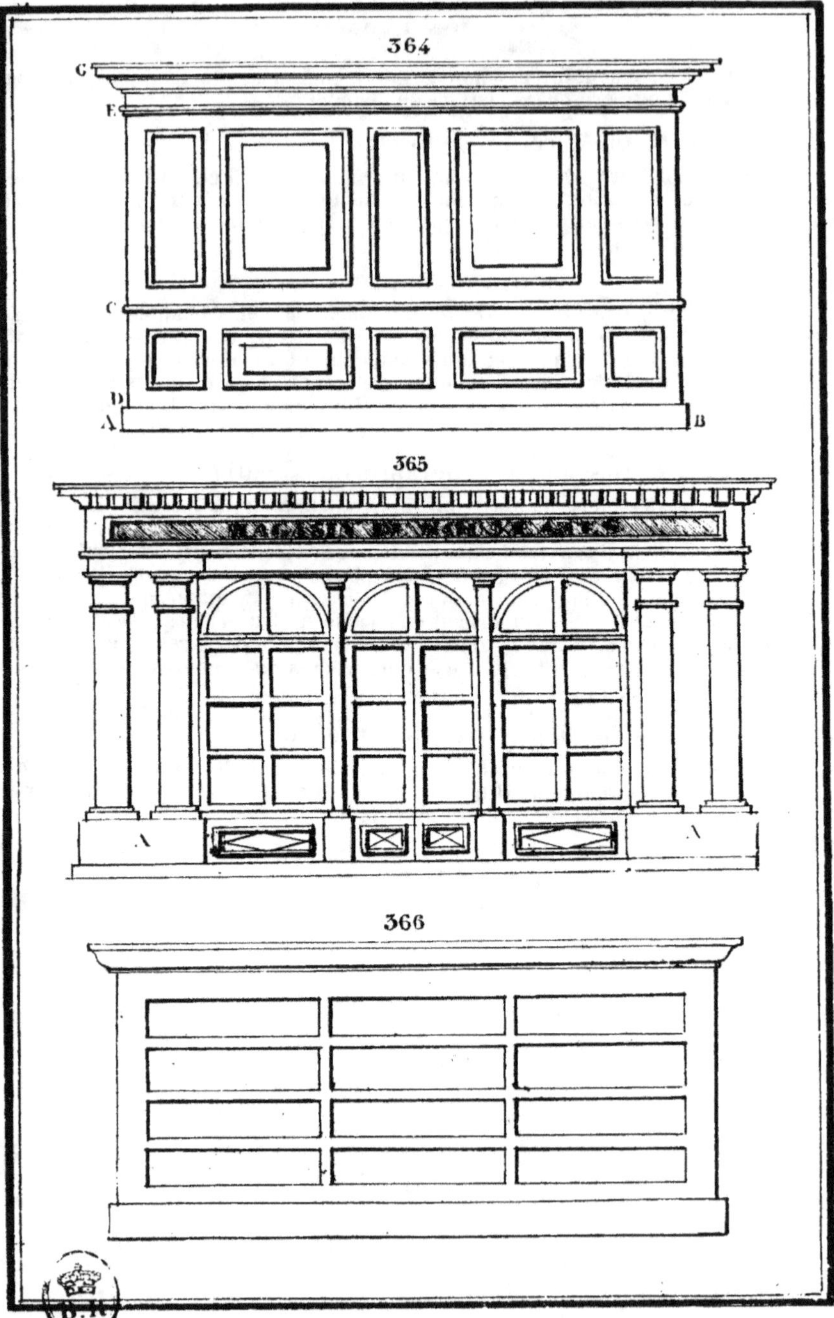

364
G
E
C
D
A   B
365
A   A
366

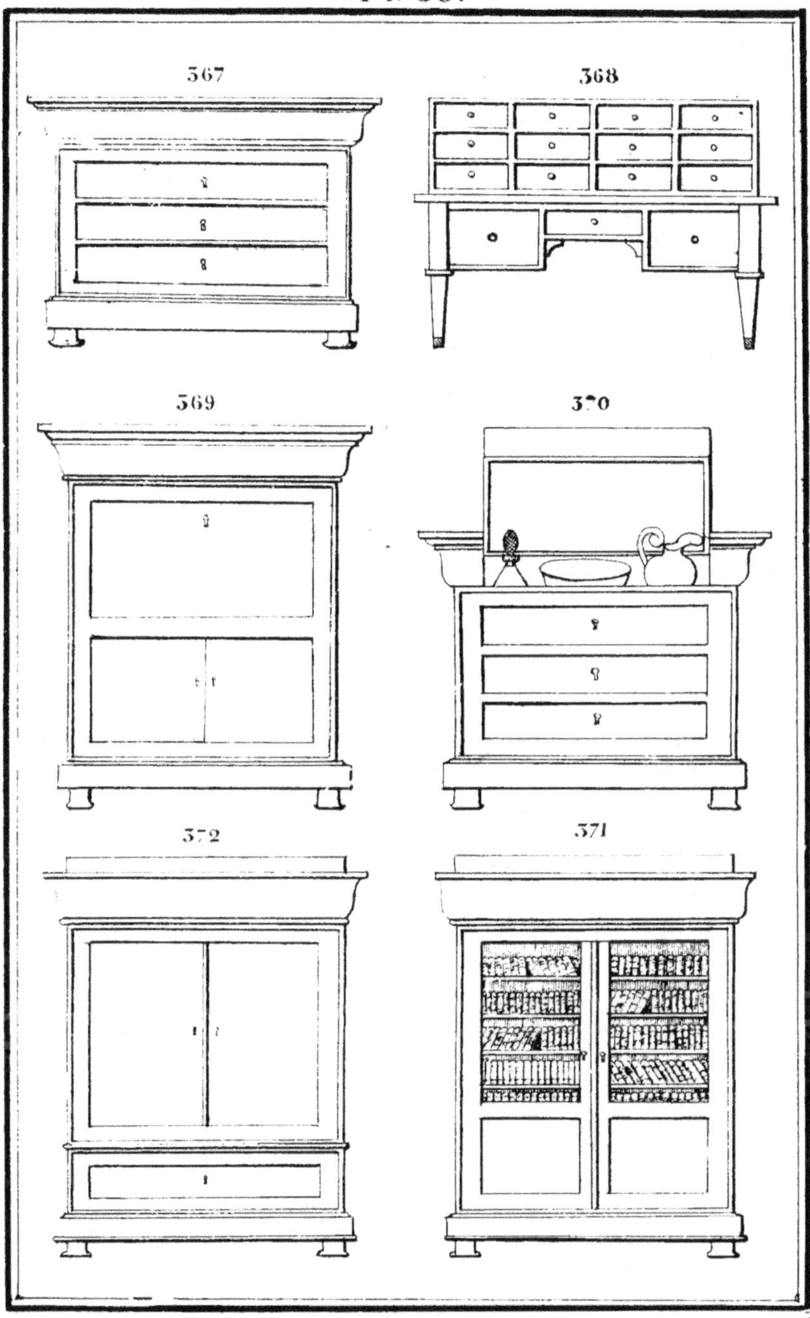

Pl. 59.
367
368
369
370
372
371

DES MEUBLES.

567. Dessinez une commode de goût moderne.

L'élève tracera une horizontale pour la base, il élèvera aux extrémités des verticales de la hauteur de la commode, il dessinera la corniche et les socles, il tracera le cadre des moulures et fera la division des tiroirs.

568. Dessinez un bureau avec un gradin de tiroir.

L'élève tracera une horizontale pour la base, il dessinera les pieds du bureau, la tablette et fera la division des tiroirs; ensuite il tracera le cadre du gradin, dont il divisera la hauteur en trois parties égales, et la largeur en quatre pour la division des tiroirs.

569. Dessinez un secrétaire.

L'élève tracera une horizontale pour la base et deux verticales pour les extrémités du secrétaire, il dessinera la corniche, les socles, ensuite les moulures des montants et des traverses du haut et du bas, il fera ensuite la division des trois portes.

570. Dessinez un lavabo à commode.

L'élève dessinera d'abord la commode, puis l'aiguière, la cuvette et le flacon qui ne sont vus qu'en partie, enfin le couvercle dont l'intérieur est garni d'une glace.

571. Dessinez une bibliothèque.

L'élève tracera une horizontale pour la base et deux verticales représentant la largeur de la bibliothèque, il dessinera la corniche et les socles, il tracera les montants et les traverses, puis les panneaux du bas des portes, ensuite les rayons de la bibliothèque et les livres.

572. Dessinez une armoire à glace.

L'élève tracera une horizontale pour la base et deux verticales pour la largeur de l'armoire, il dessinera la corniche, les socles, puis les moulures, enfin la baguette qui sépare les deux vantaux.

SOIXANTIÈME LEÇON.

373. Dessinez une glace mobile.

L'élève dessinera d'abord les montants, puis la traverse du bas et tracera trois ellipses concentriques pour le cadre de la glace.

374. Dessinez une chiffonnière.

L'élève remarquera que cette chiffonnière est représentée en perspective ; il dessinera d'abord la tablette supérieure, qui prend la forme d'un parallélogramme, il dessinera le coffre, ensuite les pieds, puis la petite tablette soutenue par les quatre pieds.

375. Dessinez une table de nuit.

La construction de cette table est facile.

376. Dessinez une chaise moderne.

L'élève tracera une horizontale pour la base et une verticale passant par le milieu de la chaise, il dessinera la traverse du siége, le tapis, les pieds du devant, les montants, les pieds et les traverses du dossier.

377. Dessinez un fauteuil moderne.

L'élève fera une construction analogue à la figure précédente.

378. Dessinez une table de salon.

L'élève dessinera d'abord le pied, puis la table qui, quoique ronde, prend en perspective la forme d'une ellipse.

379. Dessinez un lit moderne.

L'élève tracera une horizontale pour la base, il dessinera les montants du lit, la traverse, ensuite les moulures et les ornements.

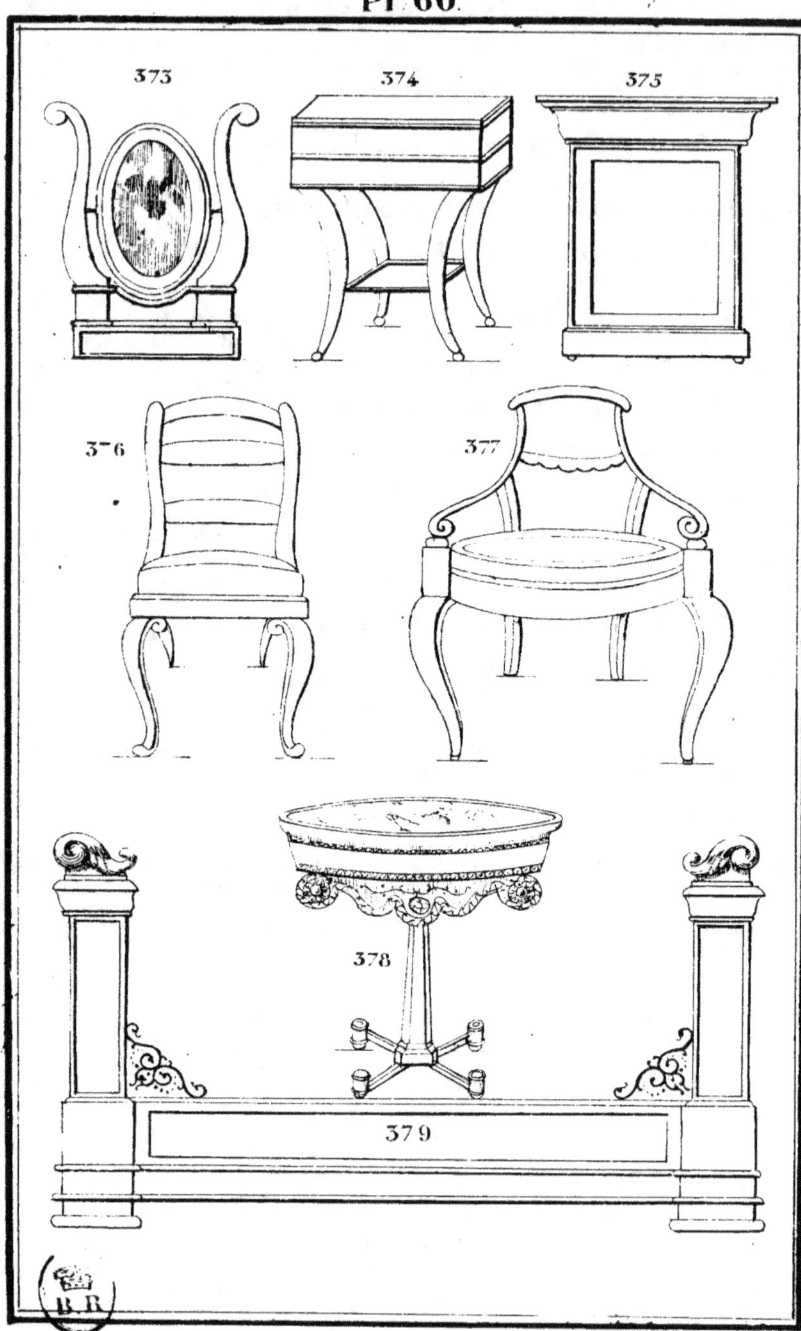

Pl.e 60.
373
374
375
376
377
378
379

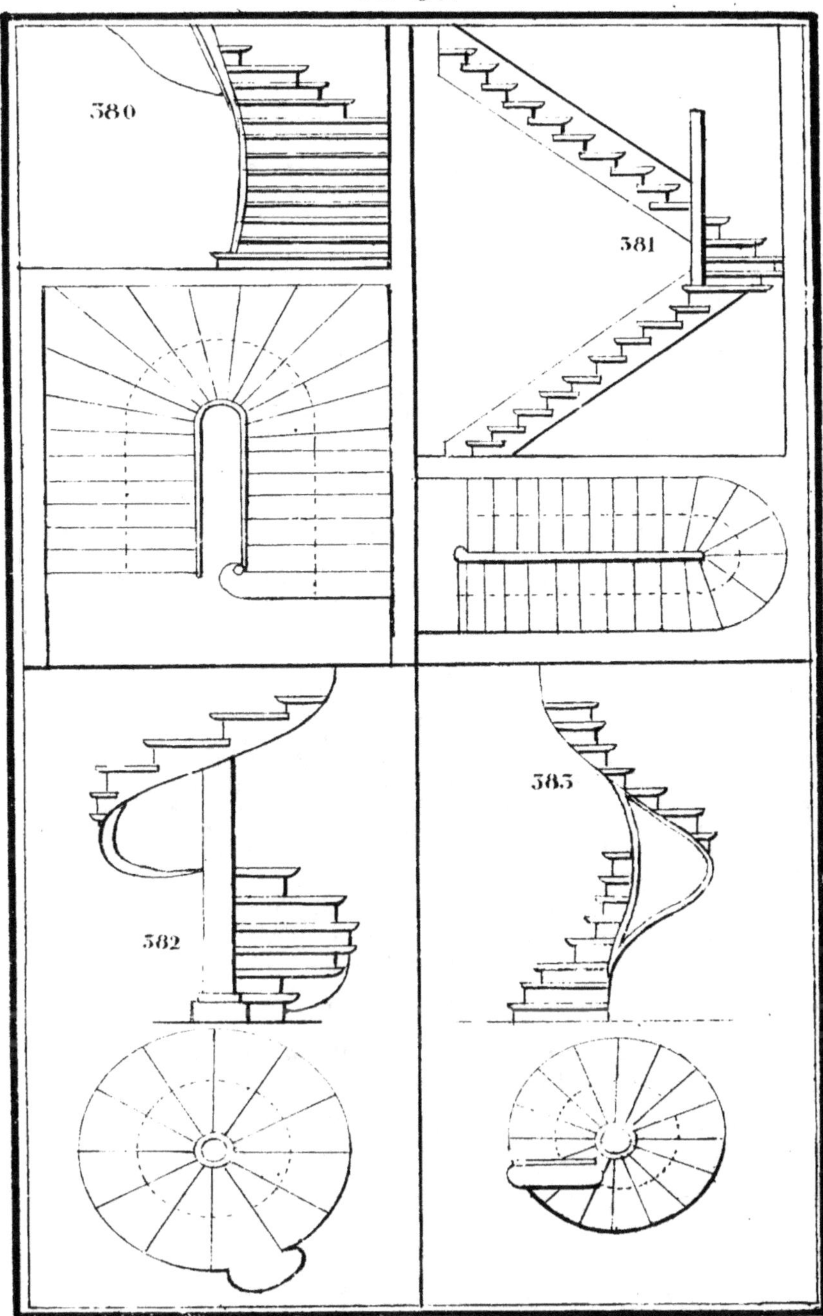

580
381
582
585

DES ESCALIERS.

Il faut une étude particulière pour établir convenablement un escalier dans un bâtiment, et souvent la disposition d'un escalier présente des difficultés. On distingue deux sortes d'escaliers ; ceux à *marches parallèles*, que les ouvriers nomment échelles de meunier, et ceux à *marches tournantes*.

Les murs qui forment la cage de l'escalier se nomment murs d'échiffre.

Dans un escalier, on distingue 1º les *limons* ; 2º les *marches* ; 3º les *contremarches* ; 4º et le *giron*.

DES LIMONS.

On appelle *limons*, la charpente qui soutient les marches et les contremarches. Les limons *droits* ne présentent pas de difficulté dans leur exécution, il ne s'agit que de tracer sur leur surface intérieure le profil des marches, pour y creuser les entailles qui doivent les recevoir.

Les limons *courbes* sont considérés comme des portions de cylindre creux , dont la base est exprimée par la projection en plan, et qui sont coupés obliquement.

DES MARCHES ET DES CONTREMARCHES.

Les *marches* sont composées d'une, de deux ou de trois planches, dans les escaliers droits. Chaque marche est assemblée dans les limons, soit avec tenons ou sans tenons.

La *contremarche* est une planche qui forme le devant de la marche, elle s'assemble avec la marche à rainure et languette.

DU GIRON.

Pour qu'un escalier soit facile et commode, il faut bien établir le giron. On appelle *giron* d'un escalier, la largeur moyenne des marches. Toutes les marches doivent avoir le même giron. Voici comment on l'obtient : on dispose d'abord les limons, droits ou courbes, sur le plan ; on partage en deux parties égales la distance intérieure des limons, par une ligne droite lorsque les limons sont droits ; par une ligne courbe si les limons sont courbes. On divise cette ligne en autant de parties égales, que l'on veut avoir de marches et on obtient le giron ; et c'est par ces points de division qu'il faut tracer chaque marche sur le plan, en donnant à celle-ci plus ou moins de largeur à ses extrémités.

380. Dessinez le plan et l'élévation d'un [escalier à jour dont les marches sont assemblées d'un bout dans le mur d'échiffre et de l'autre bout dans les limons.

381. Dessinez le plan et l'élévation d'un escalier en biais.

382. Dessinez le plan et l'élévation d'un escalier tournant autour d'un limon droit.

383. Dessinez le plan et l'élévation d'un escalier en vis à jour.

L'élève tracera d'abord le plan, ensuite l'élévation.

Neuvième Partie

SERRURERIE.

SOIXANTE-DEUXIÈME LEÇON.

La *serrurerie* est l'art d'exécuter proprement différents ouvrages en fer.

DES GRILLES.

Les *grilles* sont un assemblage de barreaux de fer rond ou carré, elles sont destinées à la fermeture des passages sans obstruer la vue. Les grilles varient infiniment, tant sous le rapport de l'ornement que sous celui de la disposition.

Il y a des grilles proprement dites, des grilles de balcons, et des grilles d'appui.

Les grilles de jardin ou de cour sont composées de barreaux ronds, maintenus par des traverses, et terminés par des ornements qui servent en même-temps de défense.

584. Dessinez une grille simple dormante avec traverses.

585. Dessinez une grille dormante terminée en fer de lance.

586. Dessinez une grille dormante terminée en fer de pique.

587. Dessinez une grille dormante terminée en pomme de pin.

588. Dessinez une grille dormante terminée en culots.

589. Dessinez une grille dormante terminée en culots à pointes.

Pour la construction de ces grilles l'élève tracera d'abord les traverses avec des horizontales, puis les barreaux avec des verticales, il dessinera ensuite les astragales et les couronnements.

590. Dessinez une traverse de grille pour maintenir des barreaux ronds.

L'élève dessinera d'abord sur une droite, des petits cercles de la grosseur des barreaux ; des mêmes centres il décrira des portions de cercle en haut et en bas, et dessinera les parties droites de la traverse.

591. Dessinez une traverse de grille pour maintenir des barreaux carrés.

L'élève commencera par dessiner sur une même ligne des petits carrés de la grosseur des barreaux ; cela fait, il tracera le reste de la traverse comme l'indique la figure.

592. Dessinez une traverse de grille pour maintenir des barreaux carrés disposés obliquement.

Même construction.

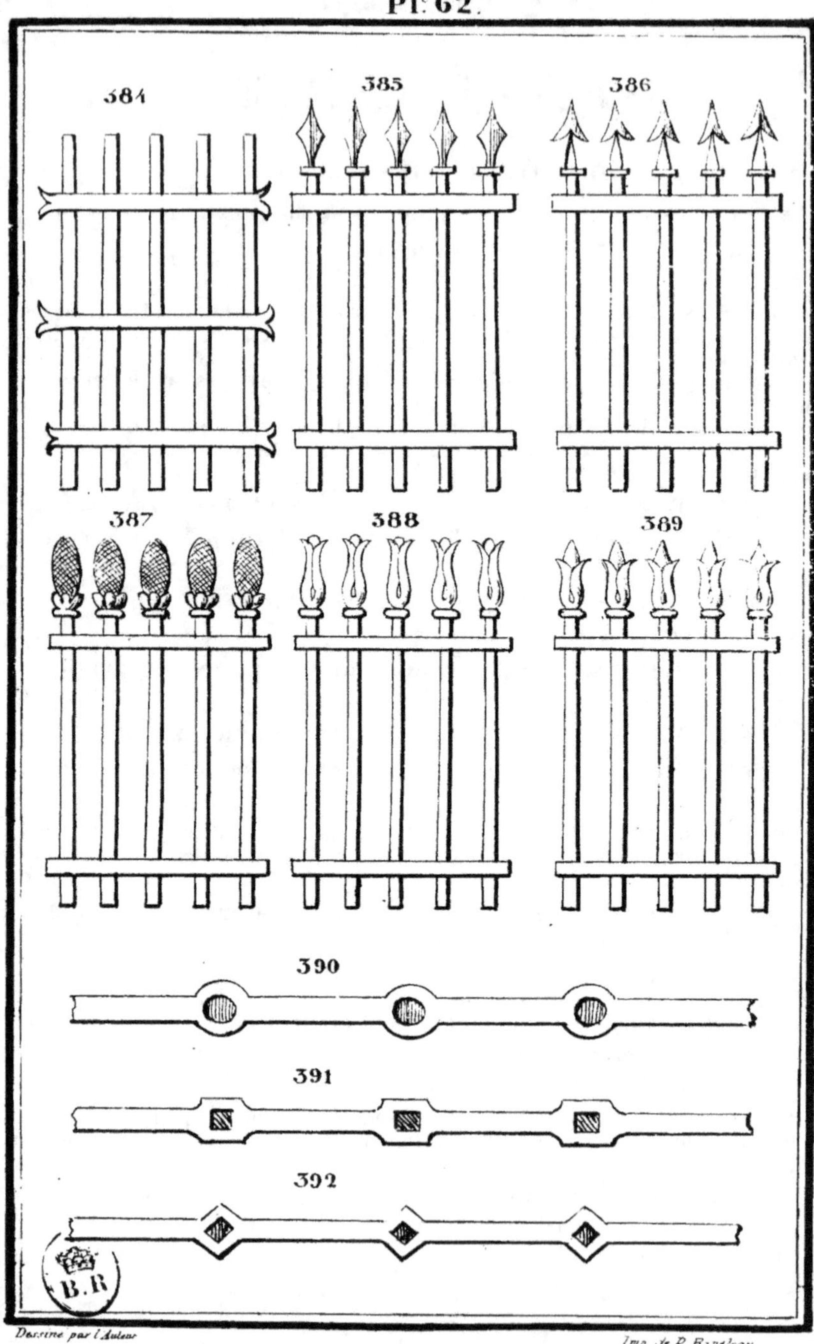

Pl.º 62.
384
385
386
387
388
389
390
391
392
Dessiné par l'Auteur
Imp. de P. Bineteau

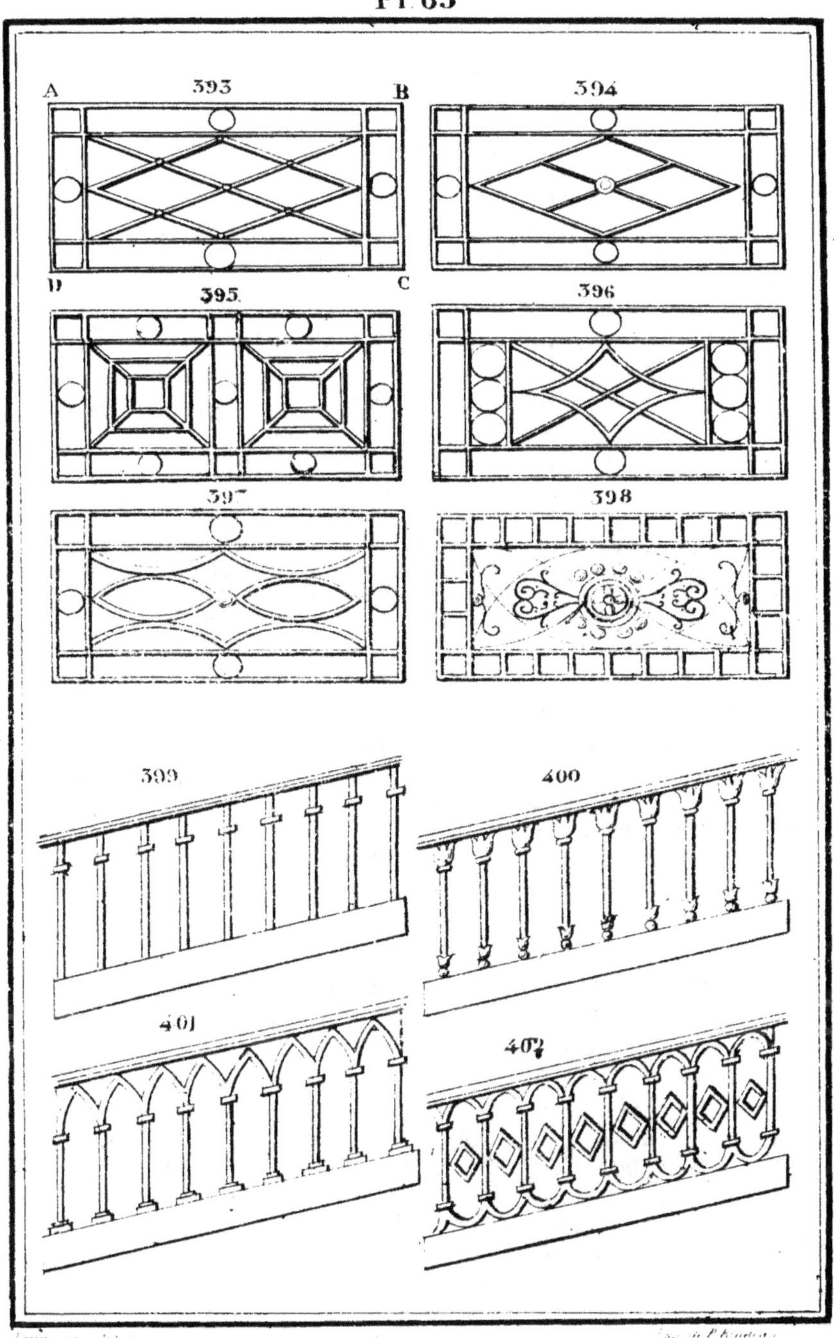

A
393
B
394
D
395
C
396
397
398
399
400
401
402

DES GRILLES DE BALCONS ET DE CROISÉES.

Autrefois les grilles de balcons et de croisées n'étaient composées que de lignes droites et très-simples, aujourd'hui elles deviennent très-compliquées et très-riches. On les fabrique en fonte, d'une seule pièce, lorsqu'elles sont beaucoup ornées.

393 et 394. Dessinez des grilles d'appui simple.

L'élève dessinera d'abord l'encadrement ABCD, ensuite du milieu de chaque côté il tracera les traverses, puis à l'intersection des barreaux il dessinera de petits boutons.

395. Dessinez un balcon en fer à double châssis d'encadrement.

L'élève dessinera d'abord les encadrements, puis il tracera les croisillons qui devront aboutir aux angles du carré intérieur.

396. Dessinez une grille à balcon avec des croisillons courbes et des croisillons droits.

L'élève dessinera d'abord l'encadrement, il tracera trois cercles tangents à chaque côté des montants, puis il tracera une autre traverse tangente à ces mêmes cercles, ensuite il dessinera les croisillons droits qui devront aboutir aux angles de l'encadrement; enfin, les croisillons courbes qui devront aboutir au milieu de chaque côté de l'encadrement.

397. Dessinez une grille à balcon, les croisillons formés par des arcs de cercle tangents.

Aucune difficulté pour la construction.

398. Dessinez une grille à balcon ornée.

L'élève tracera d'abord l'encadrement, au centre il dessinera une circonférence, puis il dessinera les arcs de cercle, et les autres ornements comme l'indique la figure.

DES RAMPES.

Les *rampes d'escaliers*, comme les grilles, sont plus ou moins simples, plus ou moins ornées.

399. Dessinez une rampe simple.

400. Dessinez une rampe avec barreaux ornés de culots, avec embase.

Aucune difficulté pour la construction.

401. Dessinez une rampe, les barreaux surmontés d'arcs de cercle.

L'élève ayant dessiné les barreaux, tracera l'embase, puis l'astragale, et tracera les arcs dont le centre se trouve sur le barreau contigu.

402. Dessinez une rampe avec les barreaux terminés par des demi-cercles en haut et en bas.

L'élève tracera les barreaux et décrira les demi-circonférences.

DES PORTES EN FER ET GRILLES A DEUX VANTAUX.

Les portes grillées sont composées d'un ou de deux vantaux divisés en deux ou trois compartiments nommés panneaux. Ces portes sont susceptibles de recevoir beaucoup d'ornements ; dans ce cas, par économie, on les coule en fonte ou en fer creux comme les grilles d'appui d'un seul ou de plusieurs morceaux.

403. Dessinez une grande grille simple à deux vantaux.

L'élève dessinera d'abord une horizontale pour la base, il dessinera les montants du milieu et des extrémités, il tracera les traverses, puis les barreaux.

404. Dessinez deux grandes grilles ornées en guillochis.

L'élève tracera d'abord l'encadrement qui n'est composé que de verticales et d'horizontales, il dessinera ensuite les guillochis ou grecques qui forment l'ornement de ces deux grilles.

405. Dessinez une grande grille élégante, à deux vantaux.

L'élève tracera d'abord l'encadrement, il divisera les panneaux en losanges égaux et dessinera les divers ornements de l'encadrement.

406. Dessinez des panneaux divers de grandes grilles.

Pour la construction de ces différents panneaux, l'élève construira d'abord l'encadrement, qu'il divisera en quatre carrés égaux, il copiera ensuite les ornements, tels que l'indique le dessin.

407. Dessinez une imposte simple cintrée, en fer.

L'élève tracera une horizontale pour la base, par un point pris sur le milieu de cette droite, il décrira cinq demi-circonférences concentriques équidistantes, il partagera les demi-circonférences par cinq traverses équidistantes, et les trois dernières demi-circonférences encore par cinq autres petites traverses.

408. Dessinez une imposte cintrée à barreaux surmontés d'arcs de cercle.

L'élève décrira d'abord les demi-circonférences intérieures et extérieures qu'il partagera en parties égales ; par les points de division et s'alignant sur le centre des demi-circonférences il tracera les barreaux avec leur embase et leur astragale, il décrira ensuite les arcs de cercle disposés en ogives et s'entrecoupant.

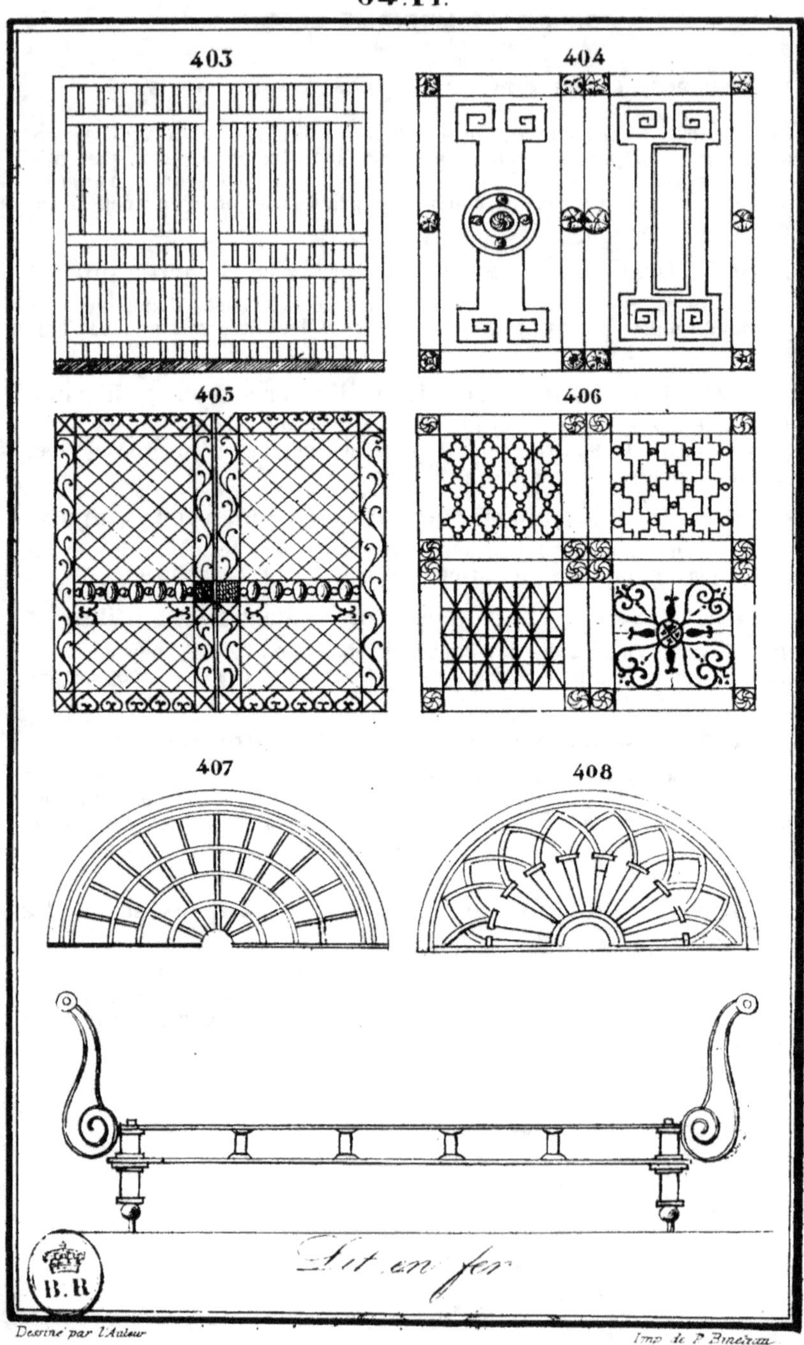

Dessiné par l'Auteur

Imp. de P. Binétan

E

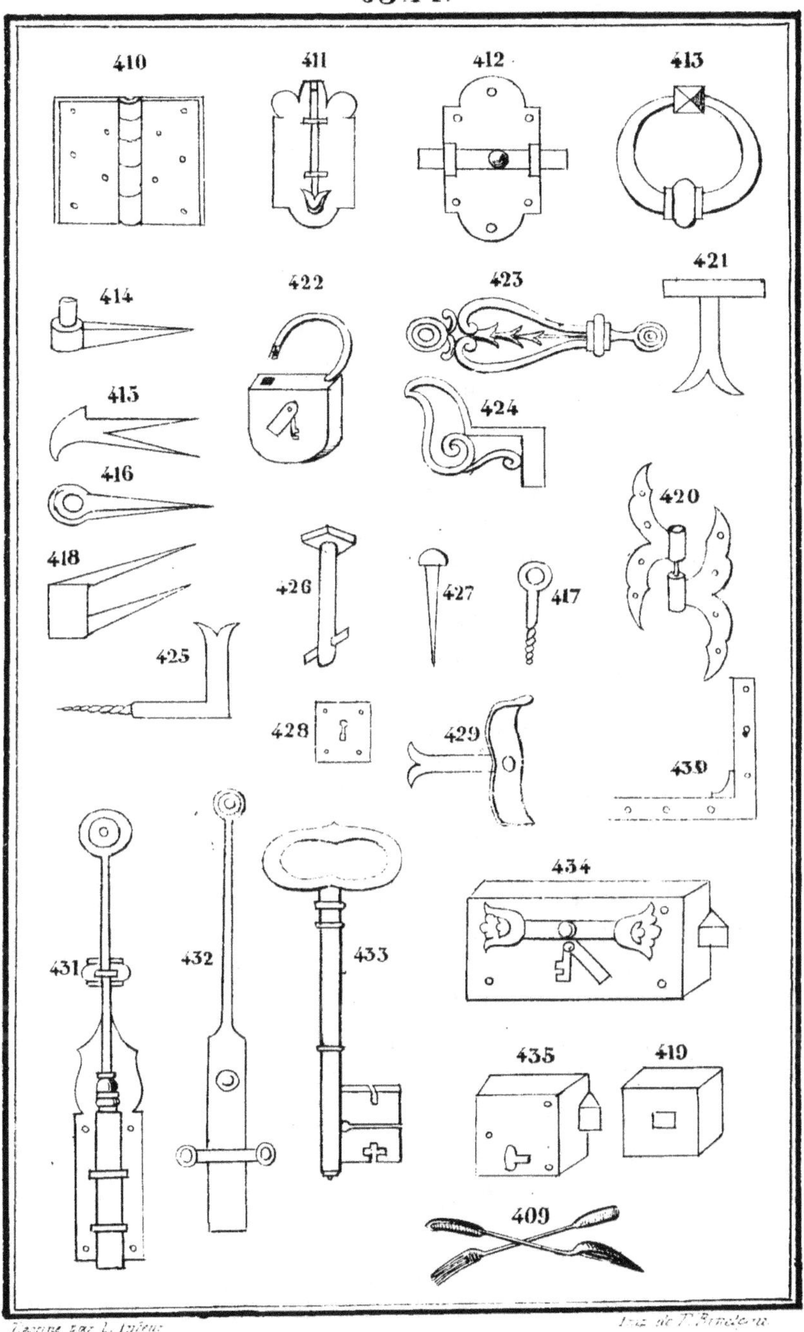

QUINCAILLERIE.

409. Dessinez une cuillère et une fourchette.

410. Dessinez une charnière carrée.

411. Dessinez un coulisseau pour tirage.

412. Dessinez une targette ordinaire.

413. Dessinez un heurtoir.

414. Dessinez un .gond à pointe.

415. Dessinez un mentonnet à pointe.

416. Dessinez un piton à pointe.

417. Dessinez un piton à vis.

418. Dessinez une gâche à pointe.

419. Dessinez une gâche d'équerre pour bec de canne.

420. Dessinez une pommelle double en S.

421. Dessinez une patte à T à scellement.

422. Dessinez un cadenas.

423. Dessinez une poignée d'espagnolette.

424. Dessinez un support d'espagnolette évidé.

425. Dessinez une patte à chambranle.

426. Dessinez un boulon à tête carrée, avec clavette.

427. Dessinez une broche à tête ronde.

428. Dessinez une entrée de serrure.

429. Dessinez un tourniquet double.

430. Dessinez une équerre de croisée.

431. Dessinez un verrou à placard.

432. Dessinez un loquet ordinaire.

433. Dessinez une clef bénarde.

434. Dessinez une serrure à tour et demi-tour.

435. Dessinez un bec de canne à tirage.

Pour la construction de ces objets de quincaillerie, il n'y a pas de règles à donner; l'élève copiera exactement son dessin.

USTENSILES DE MÉNAGE.

456. Dessinez une lampe à quinquet.

L'élève tracera une horizontale pour la base, il élèvera une verticale qui devra partager la lampe en deux parties symétriques, il dessinera le piédestal, puis la colonne, le globe formé d'une demi-circonférence, et les autres détails.

457. Dessinez un candélabre.

458. Dessinez un chandelier ordinaire.

L'élève ayant tracé une horizontale et une verticale, déterminera la hauteur de chaque moulure, les profilera par les moyens indiqués précédemment.

459. Dessinez un éteignoir.

440. Dessinez un dé à coudre.

441. Dessinez une sonnette.

442. Dessinez un mortier ou pilon.

443. Dessinez un vase en fonte.

444. Dessinez un vase posé sur un trépied.

445. Dessinez une cafetière antique.

446. Dessinez des pinces à feu.

447. Dessinez une pelle à feu.

448. Dessinez un petit soufflet de cheminée.

449. Dessinez une garniture de cheminée.

450. Dessinez une crémaillère à dents.

L'élève remarquera que ces différents objets étant représentés en perspective, les lignes droites qui forment les moulures deviennent courbes.

C'est pour faciliter l'intelligence de ces dessins que nous les avons représentés ainsi; il en est de même pour tous les objets de quincaillerie.

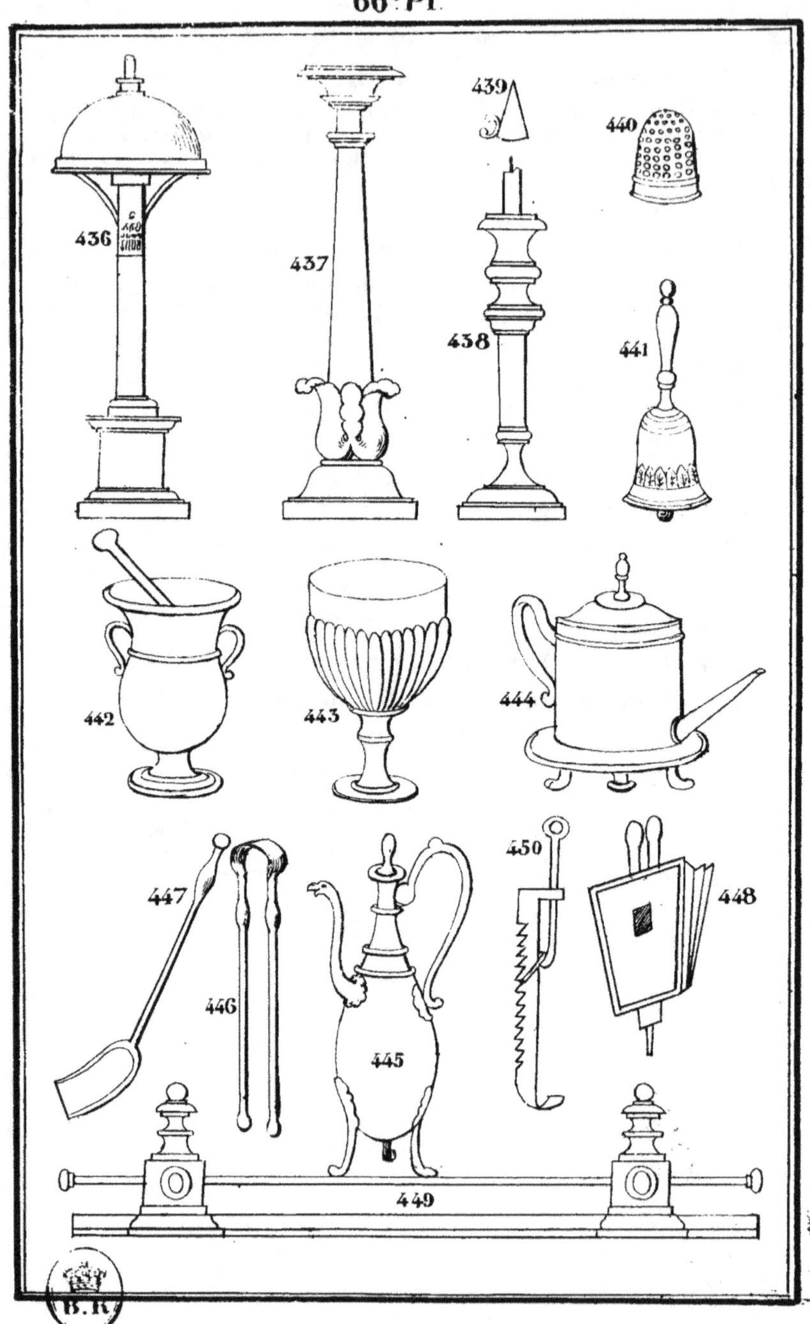
436
437
438
439
440
441
442
443
444
445
446
447
448
449
450

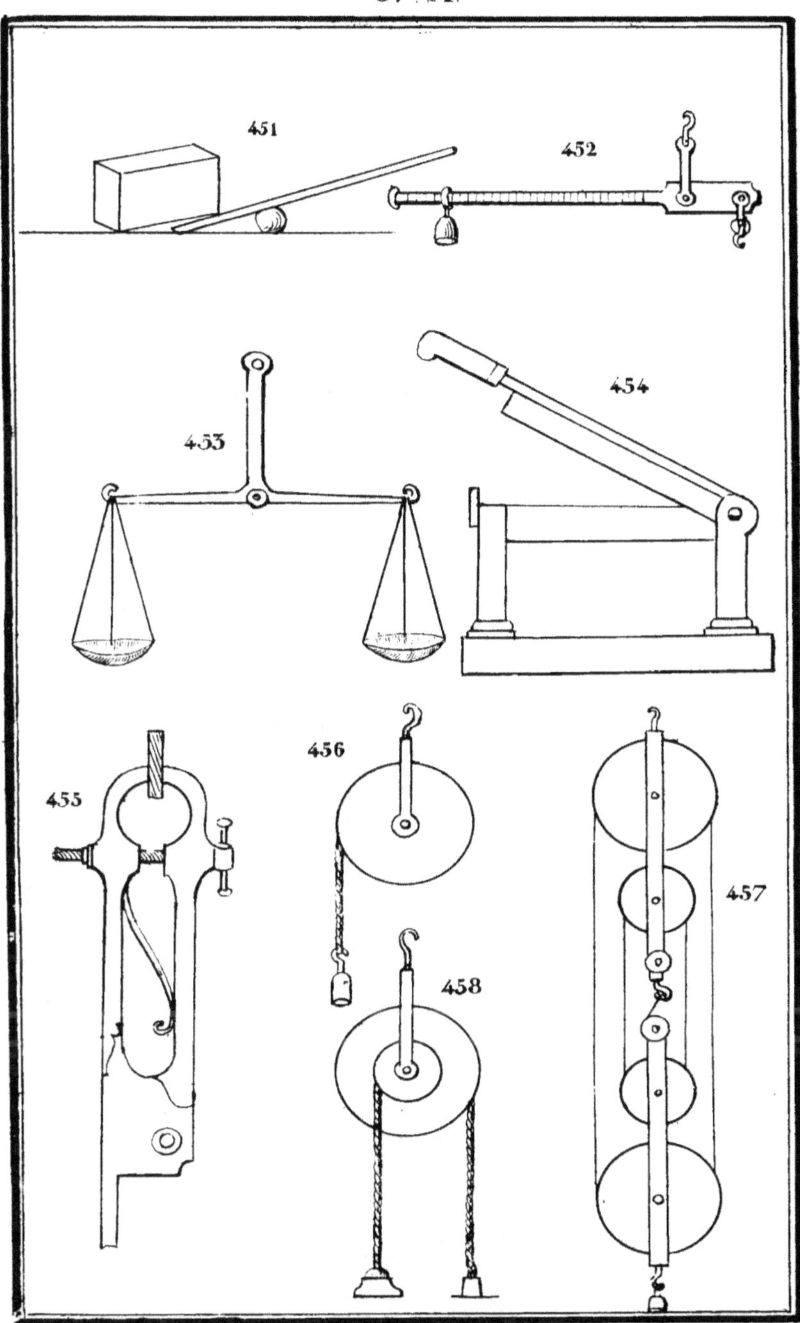

Dixième Partie.

MÉCANIQUE.

SOIXANTE-SEPTIÈME LEÇON.

La *mécanique* est la science du mouvement et de l'équilibre des corps. Elle a pour résultat la combinaison, la construction et l'application des machines.

DES MACHINES.

On appelle *machine*, tout instrument plus ou moins simple, qui change la direction d'une force, ou qui en transmet une autre à un ou plusieurs corps.

On distingue en mécanique deux sortes de machines : les *simples* et les *composées*.

On ne compte que sept machines simples, auxquelles on peut rapporter toutes les autres, ce sont : les *cordes*, le *levier*, la *poulie*, le *treuil*, le *coin*, le *plan incliné* et la *vis*.

DES CORDES.

Les *cordes* sont très-souvent employées dans l'industrie, soit pour soulever ou tirer des fardeaux, soit pour transmettre des mouvements d'un rouet à un autre ; on pourrait les appeler les machines des machines.

DU LEVIER.

Le *levier* est une barre de fer ou de bois, droite ou courbe, non flexible. Le levier s'appuie sur un point fixe, nommé *point d'appui* ; il reçoit à un autre de ses points l'action d'une force nommée *puissance*, pour vaincre une autre force nommée *résistance*.

Il y a trois espèces de levier.

Le levier est du *premier genre* quand le point d'appui est placé entre la résistance et la puissance. Une pierre que l'on veut soulever, une balance, une romaine, sont des leviers du premier genre.

Le levier est du *deuxième genre* quand la résistance est entre l'appui et la puissance ; un couteau de cartier est un levier du deuxième genre.

Le levier est du *troisième genre* quand la puissance est entre l'appui et la résistance. Un étau est un levier du troisième genre.

451. Dessinez un bloc de pierre soulevé par un levier du premier genre.

452. Dessinez une romaine.

453. Dessinez une balance.

454. Dessinez un couteau de cartier.

455. Dessinez un étau.

DE LA POULIE.

La *poulie* est une roue dont la circonférence est creusée en gorge pour recevoir une corde, et qui est traversée dans son centre par un axe ou essieu dont les extrémités s'adaptent dans une chappe.

On appelle *moufle* un assemblage de poulies attachées dans une même chappe, sur des axes particuliers, ou sur un même axe.

456. Dessinez une poulie ordinaire.

457. Dessinez des moufles.

458. Dessinez une poulie à deux gorges.

SOIXANTE-HUITIÈME LEÇON.

SUITE DES MACHINES SIMPLES.

DU TREUIL.

Le *treuil*, que l'on nomme aussi *tour* ou *cabestan*, se compose d'une roue fixée sur un axe qui tourne avec elle ; on applique la force à la circonférence de la roue, et on attache un poids à une corde qui s'enveloppe autour de l'axe.

Le *cabestan* est une espèce de treuil dont l'axe du cylindre est vertical.

459. Dessinez un treuil.

460. Dessinez un cabestan.

DU COIN.

Le *coin* est une espèce de pyramide triangulaire, dont la plus petite face se nomme la tête, et l'arête opposée à la tête se nomme tranchant. Le coin est employé pour fendre du bois ou des pierres, ou pour soulever un peu des corps très-pesants. Il est d'une puissance mécanique extrêmement forte. Un couteau, un ciseau, une hache, etc., sont autant de coins.

461. Dessinez un coin.

DU PLAN INCLINÉ.

Le *plan incliné* est une surface plane, qui forme avec une horizontale, un angle plus ou moins aigu. Il sert à transporter les fardeaux avec une force moindre que leur poids, de l'endroit où ils sont placés à un endroit plus élevé. Il sert aussi à descendre doucement et sans secousse les fardeaux les plus lourds, au moyen d'une corde enroulée autour d'un treuil, ce qui fait alors un levier du premier genre. Par exemple, un tonneau que l'on descend dans une cave.

462. Dessinez un plan incliné.

DE LA VIS.

La *vis* est un cylindre droit, sur la circonférence duquel est appliqué un filet saillant en forme de spirale. Il reçoit l'action d'une autre cylindre creux ou écrou dans lequel est taillée une rainure en spirale correspondant au filet ou pas de la vis. L'une des deux pièces doit être mobile, de manière à pouvoir ramper sur ou dans l'autre qui est fixe. Cet instrument sert à élever des pressions. Il se manœuvre au moyen d'un levier.

463. Dessinez une vis ordinaire.

464. Dessinez l'écrou d'une vis.

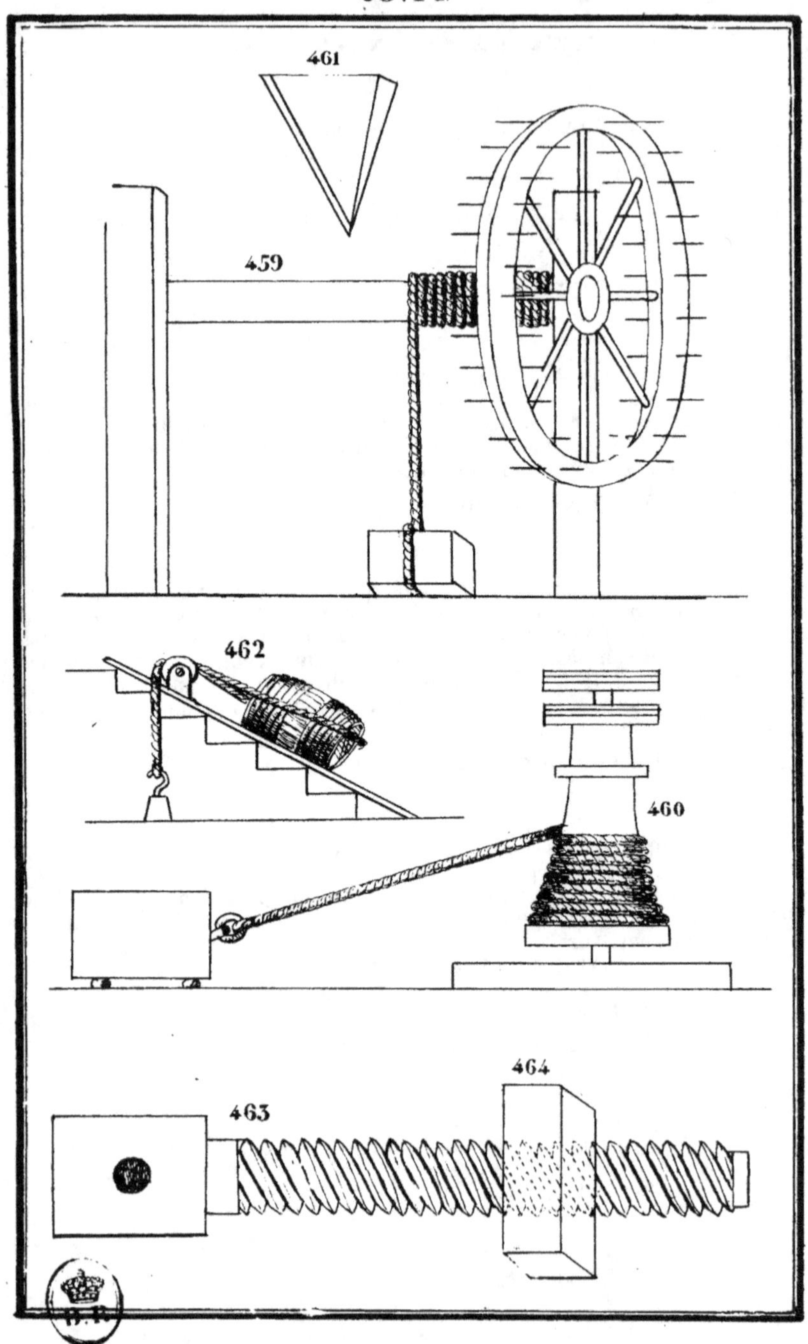
461
459
462
460
463
464

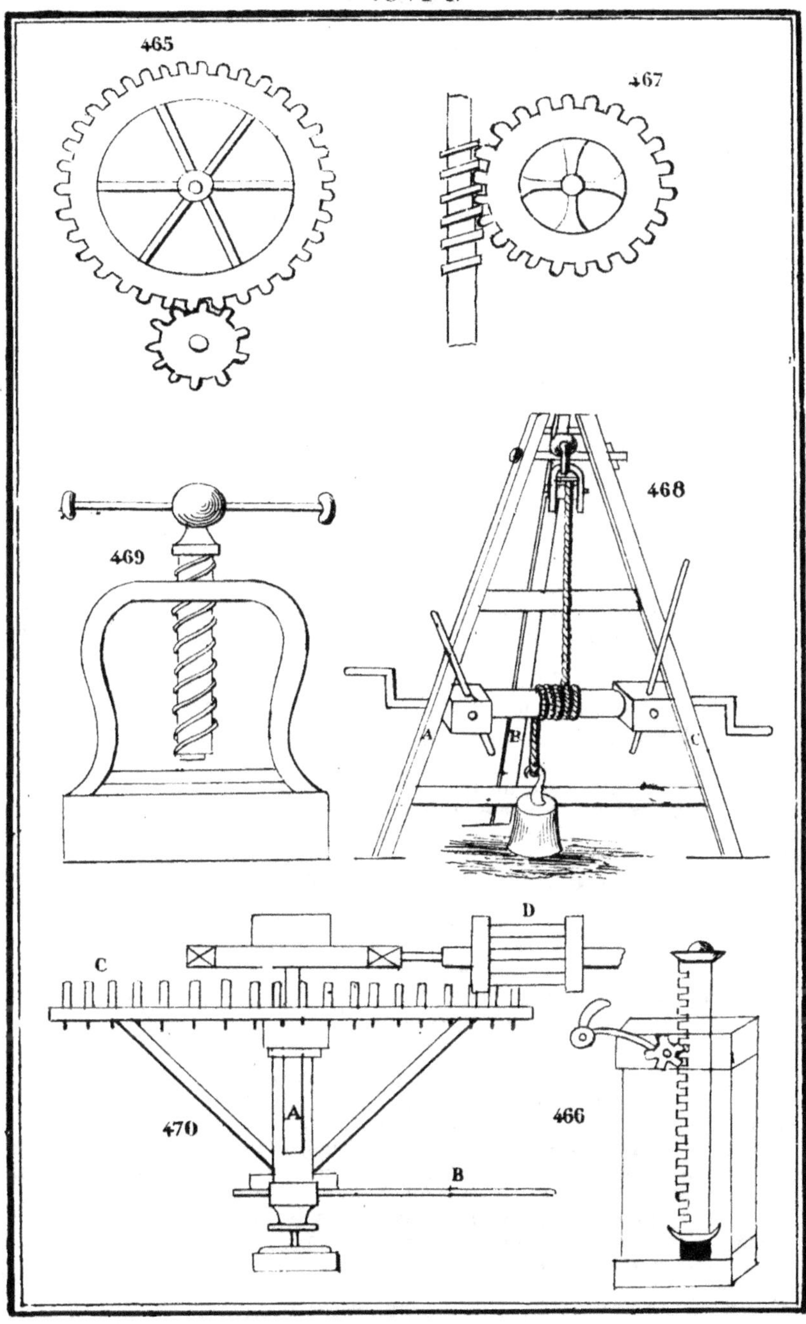
465
467
468
469
466
470
A
B
C
D

SOIXANTE-NEUVIÈME LEÇON.

DES MACHINES COMPOSÉES.

Les *machines composées* sont sans nombre ; les plus habituellement employées sont la *roue dentée*, le *cric*, la *vis sans fin*, la *chèvre*, la *presse*, le *manége*, etc.

DES ROUES DENTÉES.

Une *roue dentée*, est une roue fixée à un axe mobile. La circonférence de cette roue est armée de dents parallèles à l'axe ; ces dents s'engagent dans celles d'une autre, construite de même, pour former ce qu'on appelle un engrenage. Il résulte de cet engrenage que si l'une des deux roues est mise en mouvement, l'autre tourne en sens contraire.

465. Dessinez deux roues dentées, formant un engrenage.

DU CRIC.

Le *cric* est un instrument composé d'une barre de fer droite dentée, s'engrenant dans un pignon qu'on fait tourner au moyen d'une manivelle. Cette machine est placée dans une boîte en bois bien solide, percée à la face supérieure d'un trou par lequel monte la barre dentée, que l'on appelle crémaillère. Afin que le poids soulevé par les extrémités de la crémaillère ne puisse la faire redescendre, on dispose dans l'intérieur de la boîte une roue nommée d'*encliquetage*, qui, à chaque cran, fixe le pignon.

466. Dessinez un cric.

DE LA VIS SANS FIN.

La *vis sans fin* a une action continue sur les dents d'une roue dentée. Les filets de la vis sans fin sont carrés et taillés exactement pour entrer dans les espaces des dents de la roue, qui eux-mêmes sont coupés obliquement pour correspondre à l'inclinaison de la vis sans fin.

467. Dessinez une vis sans fin, s'engrenant à une roue dentée.

DE LA CHÈVRE.

La *chèvre* se compose de trois pièces de bois A, B, C, appelées pieds de la chèvre, et qui sont réunies par le haut au moyen d'un boulon en fer. Deux de ces pieds supportent, à un mètre et demi du sol, un treuil sur lequel s'enroule une corde qui passe par la gorge d'une poulie suspendue à la voûte de la chèvre, et qui descend verticalement pour recevoir le poids à soulever.

468. Dessinez une chèvre.

DE LA PRESSE.

469. Dessinez une presse.

C'est une machine dont la vis est mobile, et l'écrou fixé.

DU MANÉGE.

Le *manége* est une machine toujours mise en mouvement par des forces vivantes, et souvent par un ou plusieurs chevaux. Dans un manége on distingue : 1° l'arbre vertical A, tournant sur son axe ; 2° le levier B adapté perpendiculairement à l'arbre, à 1 mètre et demi du sol ; 3° la roue horizontale C, qui est armée de dents verticales et parallèles à l'axe ; 4° la lanterne D, qui engrène avec la roue horizontale du manége ; 5° l'arbre horizontal E, qui traverse la lanterne et lui sert d'axe, et qui par l'effet du mouvement tourne sur tourillons autour de son axe.

470. Dessinez un manége.

471. Dessinez un marteau ordinaire.

L'élève tracera d'abord la base qui, quoique rectangulaire, prend la forme d'un parallélogramme ; il élèvera les arêtes, dessinera la pointe, puis l'ouverture où l'on place le manche.

472. Dessinez une hache à abattre.

L'élève tracera un parallélogramme pour la base supérieure représentant la tête de la hache ; il dessinera les arêtes des côtés, puis le tranchant et l'ouverture du manche.

473. Dessinez une hache de charpentier, dite épaule de mouton.

Même construction que pour la figure précédente.

474. Dessinez une petite enclume, ou bigorne.

L'élève tracera une verticale passant par le milieu de l'enclume, et une horizontale représentant la surface plane et la longueur de l'enclume. Il dessinera ensuite le corps ou montant qui a la forme d'un prisme dont les arêtes sont arrondies, puis les deux pointes des extrémités ; enfin, la pointe intérieure qui doit entrer dans un bloc de bois.

475. Dessinez une scie à main.

L'élève dessinera d'abord le manche qui est ordinairement en bois, puis le dos qui doit être en cuivre ou en fer ; enfin, les dents de la scie.

476. Dessinez un vilbrequin.

C'est un instrument avec lequel on perce des trous.

L'élève tracera une verticale qui devra passer par le milieu de la mèche, il dessinera la partie supérieure, puis la partie où s'emmanche la mèche ; il terminera par la partie courbe dans le milieu de laquelle se trouve la poignée.

477. Dessinez une pince à bec.

L'élève tracera d'abord un prisme représentant l'endroit où sont enclavées les deux parties de la pince, il tracera ensuite une verticale passant au milieu de la pince, puis il dessinera les becs qui sont composés de deux cônes droits tronqués ; enfin, les branches qui sont courbées pour faciliter la pression.

478. Dessinez des tenailles.

L'élève tracera d'abord une verticale passant par le milieu des tenailles, puis il dessinera le clou de la charnière, ensuite les branches, enfin, les mâchoires.

479. Dessinez un compas de proportion.

C'est un instrument avec lequel on prend le diamètre des corps ronds.

L'élève tracera d'abord une verticale passant par le milieu du compas ; par deux points pris sur cette verticale, il décrira deux circonférences excentriques pour dessiner les branches ; il dessinera la tête, puis les autres parties, comme l'indique le dessin.

480. Dessinez un couteau à deux mains.

L'élève tracera un rectangle représentant le dos de la lame du couteau il dessinera ensuite le taillant de la lame, puis les poignées.

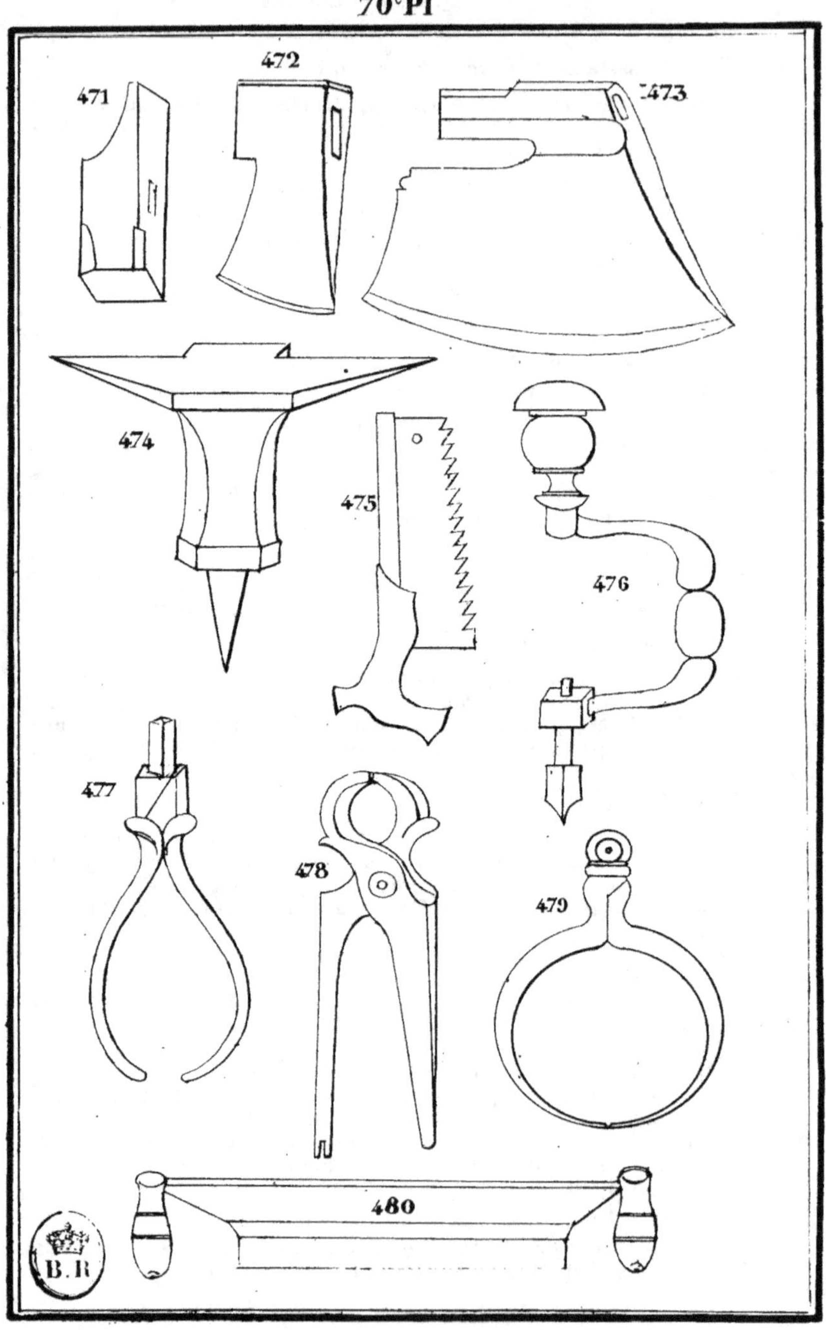
471
472
473
474
475
476
477
478
479
480
B.R

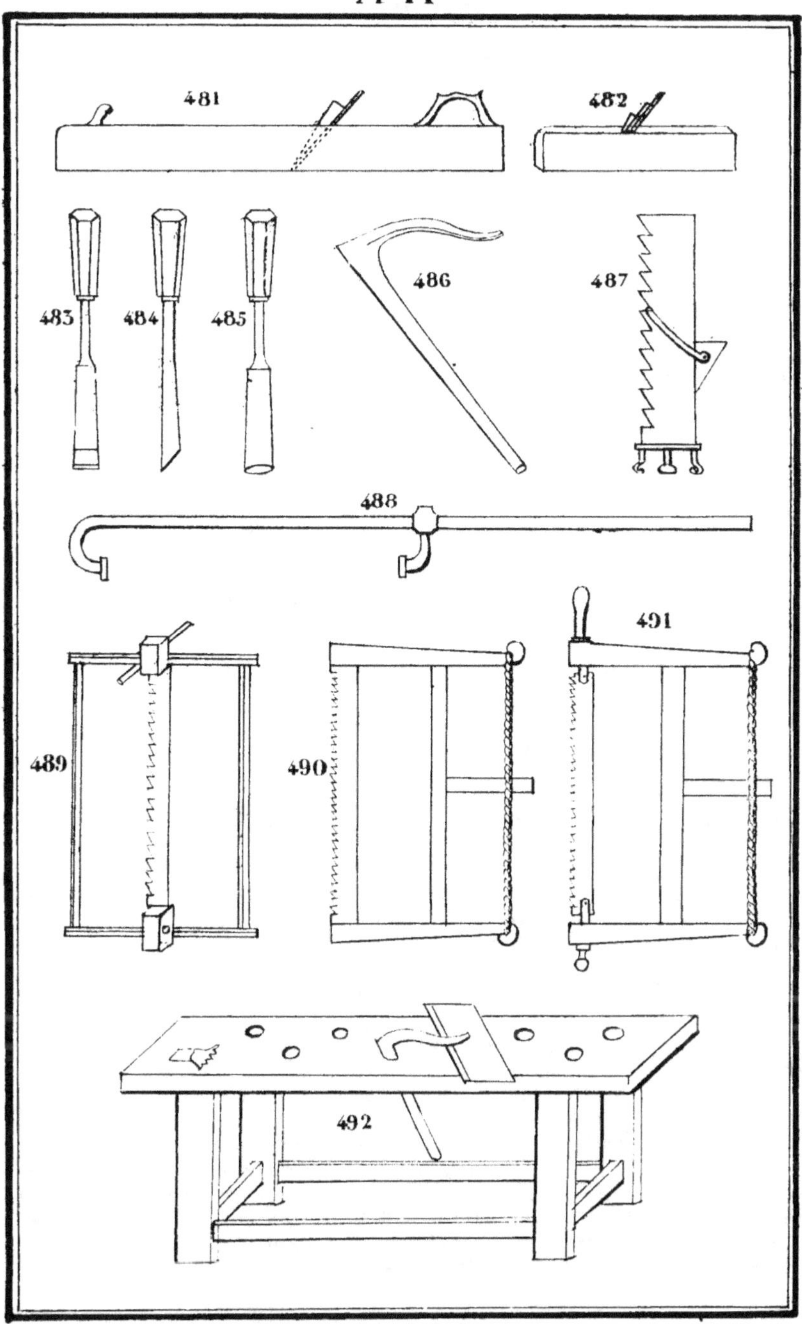
481
482
483
484
485
486
487
488
489
490
491
492

INSTRUMENTS DU MENUISIER.

481. Dessinez une varlope.

C'est un outil avec lequel on dresse les planches.

482. Dessinez un rabot.

C'est un outil avec lequel on polit les planches.

483. Dessinez un ciseau de menuisier.

C'est un outil avec lequel on ragrée les planches. Il sert aussi à beaucoup d'autres usages.

484. Dessinez un bec-d'âne.

C'est un instrument avec lequel on fait des mortaises.

485. Dessinez une gouge.

C'est un instrument avec lequel on creuse circulairement les planches.

486. Dessinez un valet de banc.

C'est un instrument avec lequel on serre les pièces de bois contre l'établi.

487. Dessinez une servante à crémaillère, ou support.

488. Dessinez un sergent en fer.

C'est un instrument que l'on emploie pour serrer fortement les planches.

489. Dessinez une scie à refendre.

On l'emploie pour refendre les plus grosses planches.

490. Dessinez une scie à débiter.

L'élève tracera d'abord les traverses horizontales, puis la lame de la scie, ensuite la corde et la traverse verticale; enfin la petite règle qui sert à tendre plus ou moins l'instrument.

491. Dessinez une scie allemande.

On l'emploie pour scier les planches de côté.
Même construction. L'élève remarquera seulement que la lame de la scie est emmanchée dans deux poignées tournant dans l'intérieur des traverses, ce qui permet de donner à la scie la direction que l'on veut.

492. Dessinez un établi de menuisier.

De tous les instruments du menuisier, le plus essentiel, c'est l'établi. Pour le dessiner, l'élève tracera un parallélipipède représentant la table; il dessinera ensuite les pieds, qui ne sont autre chose que des prismes quadrangulaires, puis les traverses, enfin le valet de banc et la pièce de bois serrée sous la mâchoire de celui-ci.

DES INSTRUMENTS ARATOIRES.

493. Dessinez une petite serpe.

C'est un instrument de fer large et plat, recourbé, tranchant, dont on se sert pour couper du bois.

494. Dessinez un croissant.

C'est un instrument qui sert à élaguer et à tondre.

495. Dessinez une houe simple.

C'est un instrument qui sert à remuer la terre. La force et la facilité de l'usage de la houe dépendent de son angle de courbure.

496. Dessinez une houe fourchue.

Cet instrument est plus léger et plus convenable que l'autre, quand il y a des pierrailles.

497. Dessinez un volant.

C'est une petite faux à main, ou faucheron, en fer de faux, dont la lame est un peu inclinée sur le manche. Il sert à tondre de petits gazons.

498. Dessinez une pioche ou hoyau.

499. Dessinez une pioche à deux taillants.

Ce sont des espèces de houe, dont le manche doit former avec le fer, presque un angle droit.

500. Dessinez un plantoir.

C'est un instrument en bois, pointu d'un bout et recourbé de l'autre dont on se sert pour repiquer les légumes et les fleurs.

501. Dessinez un crochet.

C'est un instrument à deux pointes, dont on se sert pour traîner le fumier hors de l'écurie, ou pour en décharger les voitures.

502. Dessinez une binette.

C'est une espèce de houe qui sert à biner, c'est-à-dire à donner aux terres une deuxième façon.

503. Dessinez une serfouette.

C'est une petite binette pour travailler entre les plantes resserrées.

504. Dessinez une fourche.

C'est un instrument composé de trois branches ou pointes, dont on se sert pour soulever la paille ou autres plantes inutiles.

505. Dessinez un rateau en fer.

C'est un instrument garni de plusieurs dents, dont on se sert pour ratisser les allées.

506. Dessinez une ratissoire à tirer.

C'est encore un instrument pour ratisser les allées, ou pour biner dans les massifs d'arbres. Il se compose d'une vieille lame de faux, coupant bien, mais facile à s'ébrécher.

507. Dessinez une bêche à douille.

C'est un instrument dont on se sert pour enlever et amonceler les terres, terreaux, etc.

508. Dessinez une pelle ferrée.

C'est un instrument en bois, dont la lame est ferrée en forme de taillant. On en connaît l'usage.

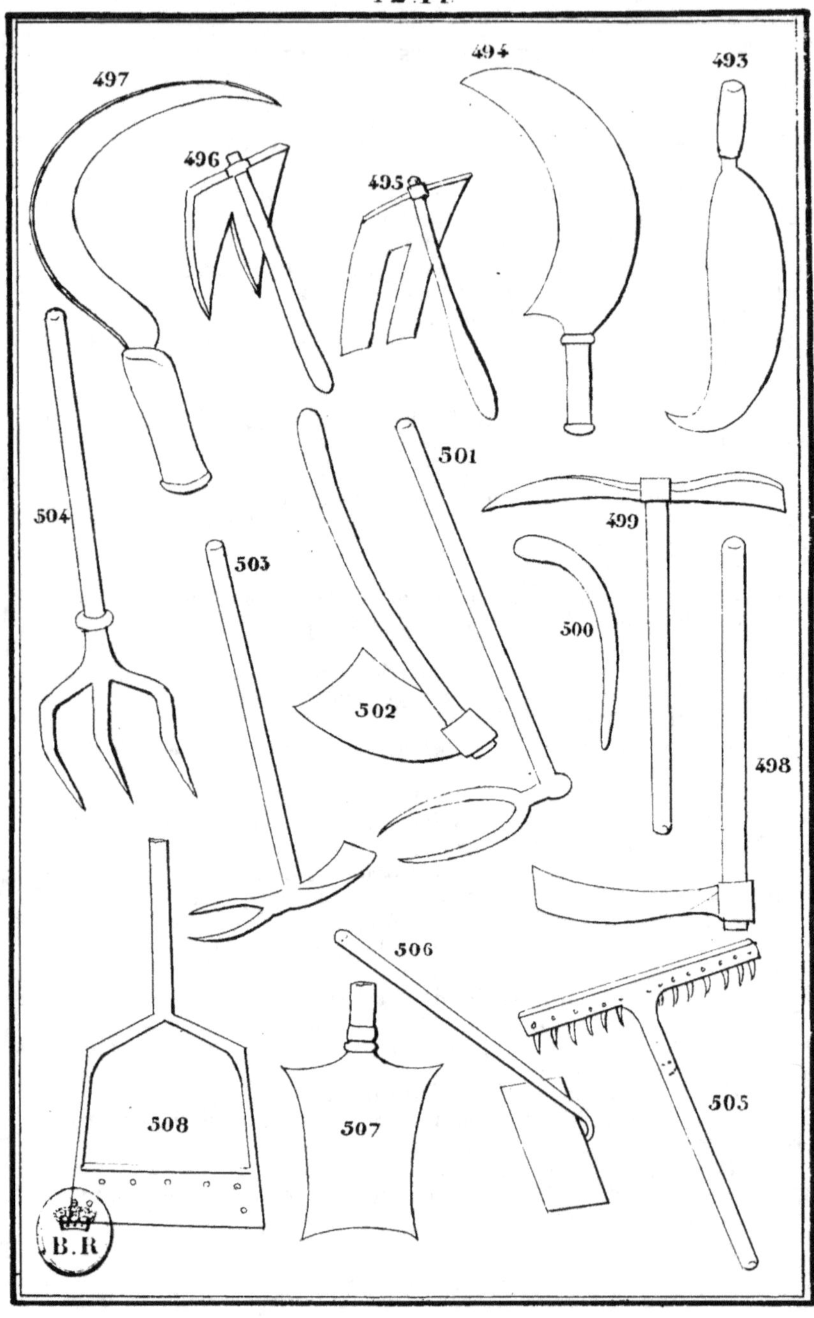
497
494
493
496
495
501
504
503
499
500
498
502
506
505
508
507
B.R

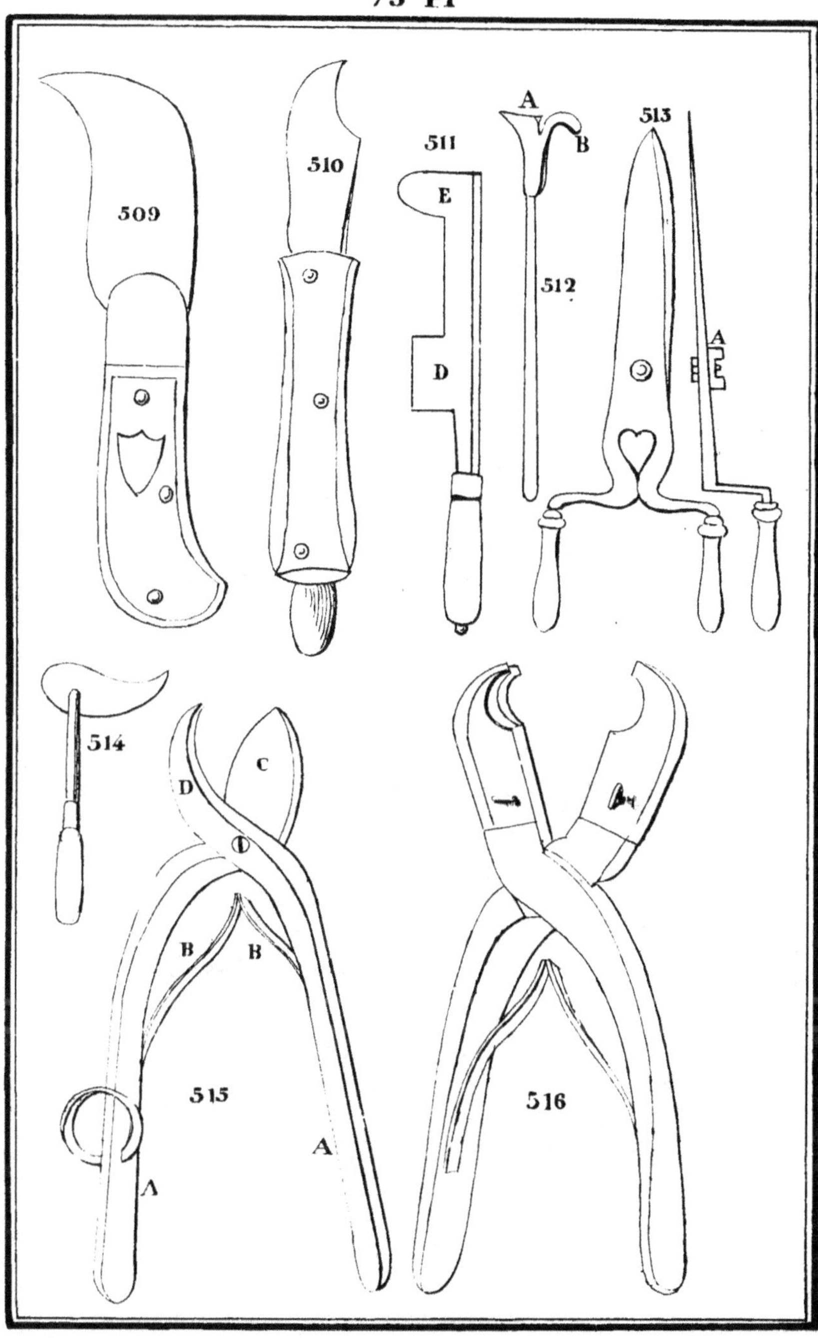
509
510
511
A
B
512
513
E
D
A
E
514
D
C
B
B
515
A
A
516

SUITE DES INSTRUMENTS DE JARDINAGE.

509. Dessinez une serpette de poche.

Le modèle de cette serpette, n'a ni trop, ni trop peu de courbure dans la ligne tranchante de sa lame. La lame trop courbée gêne et fait casser la pointe; quand elle l'est trop peu, l'outil n'a pas assez de force.

510. Dessinez un greffoir ordinaire.

C'est un instrument dont on se sert pour greffer; la spatule A est en ivoire.

511. Dessinez un greffoir en fente.

Cet instrument sert à greffer les arbres d'une certaine grosseur. Quand le sujet est coupé horizontalement, on pose le couteau D sur la coupe, on frappe sur le dos avec un marteau pour opérer la fente; on retire le couteau, et on introduit à la place la spatule B : on pousse le manche à droite ou à gauche, la fente s'ouvre et on place les greffes.

512. Dessinez un ébranchoir-ciseau.

C'est une espèce de ciseau qu'on adapte au bout d'un manche. Cet instrument est composé d'une lame A qui sert à couper les branches en poussant en dessous, et d'une serpette B qui les coupe en tirant à soi.

513. Dessinez des cisailles.

C'est un instrument qui sert à tondre les haies et les bordures; pour les dessiner, l'élève tracera une verticale passant par le milieu de l'instrument, il dessinera le clou du milieu, puis les lames; enfin, les poignées. La figure A donne le profil des cisailles.

514. Dessinez un émoussoir en crochet.

C'est un instrument qui sert à nettoyer les branches d'espaliers du côté où elles touchent au mur.

515. Dessinez un sécateur.

C'est un instrument qui remplace avec avantage la serpette. Au moyen de cet instrument on fait en une heure ce qui en exige quatre avec la serpette. Un sécateur se compose : 1° de deux branches A ; 2° de deux ressorts B : 3°d'une lame tranchante C, et d'un croissant D. Pour le dessiner, l'élève tracera une verticale passant par le milieu, il dessinera la vis E, puis le sécateur D avec sa branche, ensuite la lame C et sa branche; enfin, les deux ressorts B.

516. Dessinez une pince à inciser.

Cette pince se compose de deux branches, de deux ressorts, et de deux lames. Pour la dessiner, l'élève tracera d'abord une verticale passant par le milieu de l'instrument, il dessinera la vis, la lame et la branche supérieure, ensuite l'autre, puis les ressorts.

Onzième Partie

ORNEMENT.

SOIXANTE-QUATORZIÈME LEÇON.

L'*ornement* est la combinaison, l'arrangement régulier de lignes droites et de lignes courbes, pour former un beau et embellir les objets. Le goût joue ici le rôle le plus important ; cependant l'ornement n'est point le résultat du caprice et de l'imagination ; car, dans un certain nombre de dessins d'ornement, on retrouve l'application du tracé géométrique. Si l'élève a bien exécuté avec précision les cinq cents figures qui précèdent, il arrivera sans peine à dessiner les suivantes.

ORNEMENT DES BORDURES.

517. Dessinez un enroulement de feuillages, de fleurons et de culots.

518. Dessinez des plastrons, avec dards et fleurons renversés.

519. Dessinez des raies de cœur, ornées de feuilles.

520. Dessinez des postes avec culots.

521. Dessinez des entrelas.

522. Dessinez une grecque simple, ou guillochis.

ORNEMENT DES MOULURES.

Les *moulures* reçoivent des ornements qui varient suivant la richesse de l'ordre auquel elles appartiennent, et selon le goût de l'architecte.

523. Dessinez une baguette ornée de chapelets de patenôtres.

524. Dessinez un tore, orné de ruban et de feuilles d'olivier.

525. Dessinez un quart de rond, orné d'oves et de dards.

526. Dessinez un congé, orné de palmettes et de fleurs.

527. Dessinez un talon renversé, orné de trèfles à fleurons et de culots renversés.

528. Dessinez une doucine droite, ornée de feuilles d'acanthe, de palmettes et de culots.

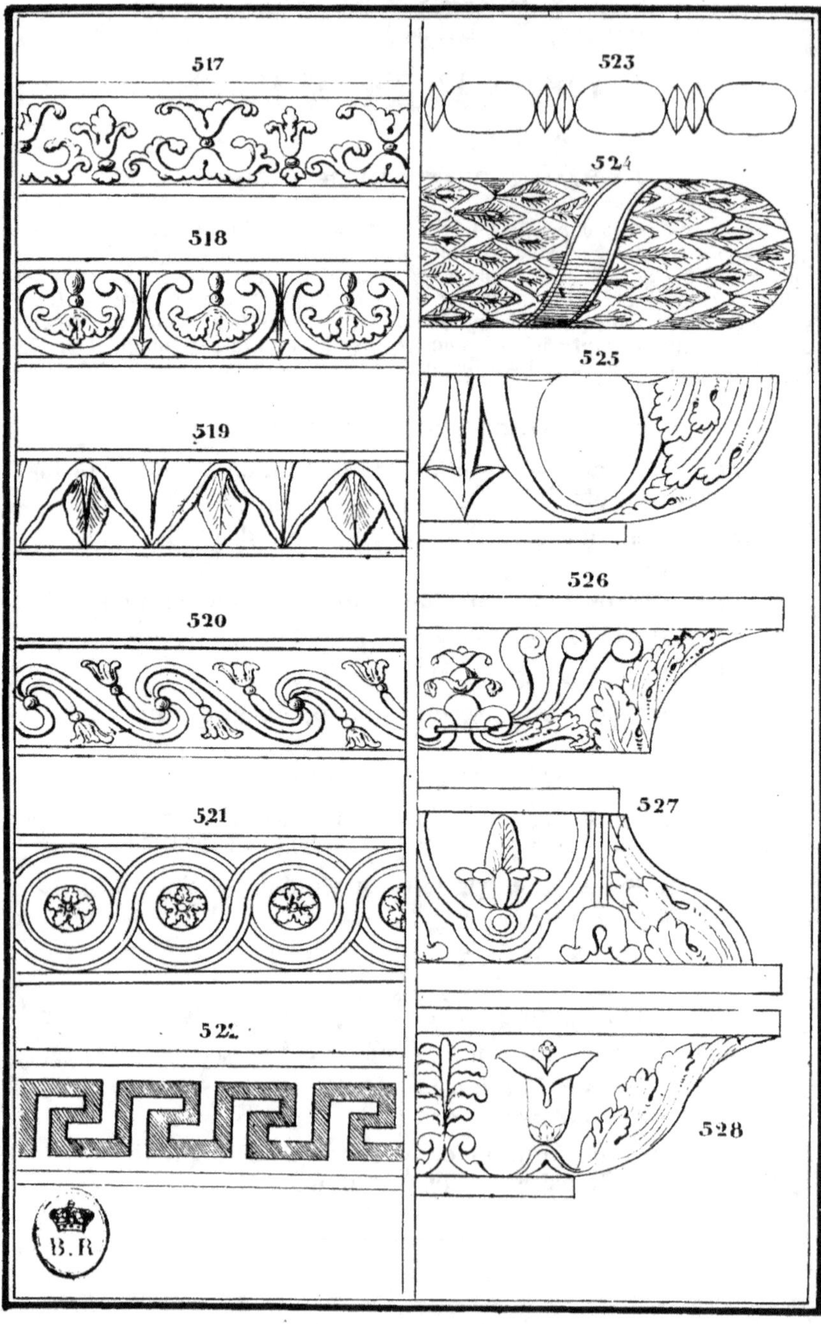

517
518
519
520
521
522
523
524
525
526
527
528
B.R

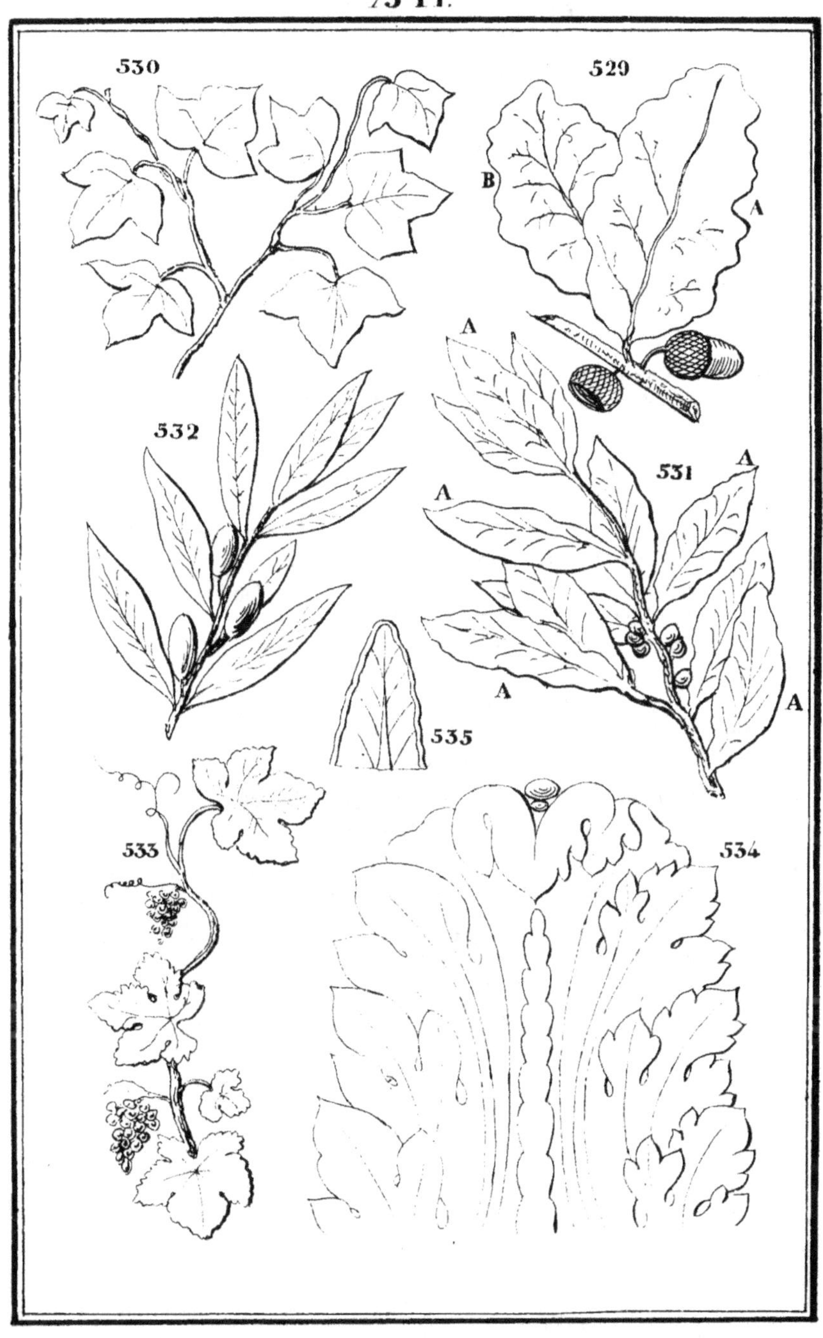
530
529
B
A
A
A
532
A
531
A
A
535
533
A
534

SOIXANTE-QUINZIÈME LEÇON

DES FEUILLES ET BRANCHES D'ARBRES.

Les ornements quelquefois s'éloignent un peu des formes géométriques, et demandent pour leur construction principalement du goût et de l'adresse. C'est la nature qu'il faut imiter.

Les branches d'arbres servent d'emblèmes ; ainsi la *branche de chêne* est un emblème de courage ; celle de *lierre* est aussi un emblème de valeur ; celle de *laurier* est le symbole de la victoire ; celle d'*olivier*, le symbole de la paix ; la branche de *vigne* représente une abondante récolte.

La feuille d'*acanthe* fait l'ornement des chapiteaux corinthien et composite.

529. Dessinez une branche de chêne.

L'élève dessinera d'abord la branche, puis les glands ; il tracera la nervure du milieu, et le contour de la feuille principale A, et terminera par la feuille superposée B.

550. Dessinez une branche de lierre.

L'élève tracera d'abord les branches principales, puis les queues de toutes les feuilles ; enfin, le contour et les nervures de ces mêmes feuilles.

551. Dessinez une branche de laurier.

L'élève ayant tracé la branche, dessinera toutes les feuilles principales A, ensuite les autres feuilles superposées, enfin les fruits.

552. Dessinez une branche d'olivier.

L'élève commencera par tracer la branche, puis il dessinera comme dans la figure précédente, d'abord les feuilles principales, les feuilles superposées, puis les fruits.

555. Dessinez une branche de vigne.

Même construction que pour les figures précédentes.

554. Dessinez une feuille d'acanthe.

L'élève tracera une verticale passant par le milieu de la feuille, il marquera, par des courbes et des droites raccordées, la largeur et la hauteur de la feuille ; il dessinera ensuite la feuille supérieure, et les autres successivement, en allant de haut en bas. Il tâchera de donner aux découpures une forme régulière et symétrique, il terminera par les nervures qui traversent les feuilles de haut en bas.

555. Dessinez une feuille d'eau.

DES PALMETTES.

La *palmette* relève et surmonte avec grâce les enroulements et les bordures ; elle se compose de deux moitiés parfaitement symétriques. Il y a des palmettes à feuilles montantes, et d'autres à feuilles descendantes. Les palmettes à feuilles montantes se nomment *palmes*, c'est un symbole des récompenses accordées aux différents genres de mérite ; elle est plus allongée que la palmette.

536. Dessinez une palmette à feuilles montantes.

L'élève tracera une verticale passant par le milieu, il dessinera ensuite la feuille du sommet, puis il groupera successivement les autres feuilles, en descendant jusqu'à la base.

537. Dessinez une palmette à feuilles retombantes.

L'élève tracera une verticale, comme pour la figure précédente ; il dessinera la feuille du sommet, puis la tige ; enfin, il dessinera les autres feuilles en les groupant à droite et à gauche sur la tige.

538. Dessinez une tête de victime.

539. Dessinez deux palmettes posées sur des agrafes.

L'élève tracera une horizontale et une verticale se coupant par le milieu, il dessinera ensuite les agrafes avec tous leurs ornements ; et sur les extrémités de l'horizontale, il dessinera les palmettes.

540. Dessinez un assemblage de palmettes et de culots.

L'élève tracera une horizontale pour la base : il élèvera quatre verticales passant par le milieu de chaque palmette et de chaque culot ; il dessinera ensuite les culots, puis les palmettes ; enfin, les filets qui unissent les culots aux palmettes.

541. Dessinez des enroulements ornés de feuilles d'acanthe.

L'élève tracera deux spirales se réunissant au point A : il dessinera ensuite les rosaces des centres des spirales ; puis, en suivant ces spirales, il tracera les enroulements avec les feuilles qui les ornent ; il terminera par la feuille d'acanthe de la base.

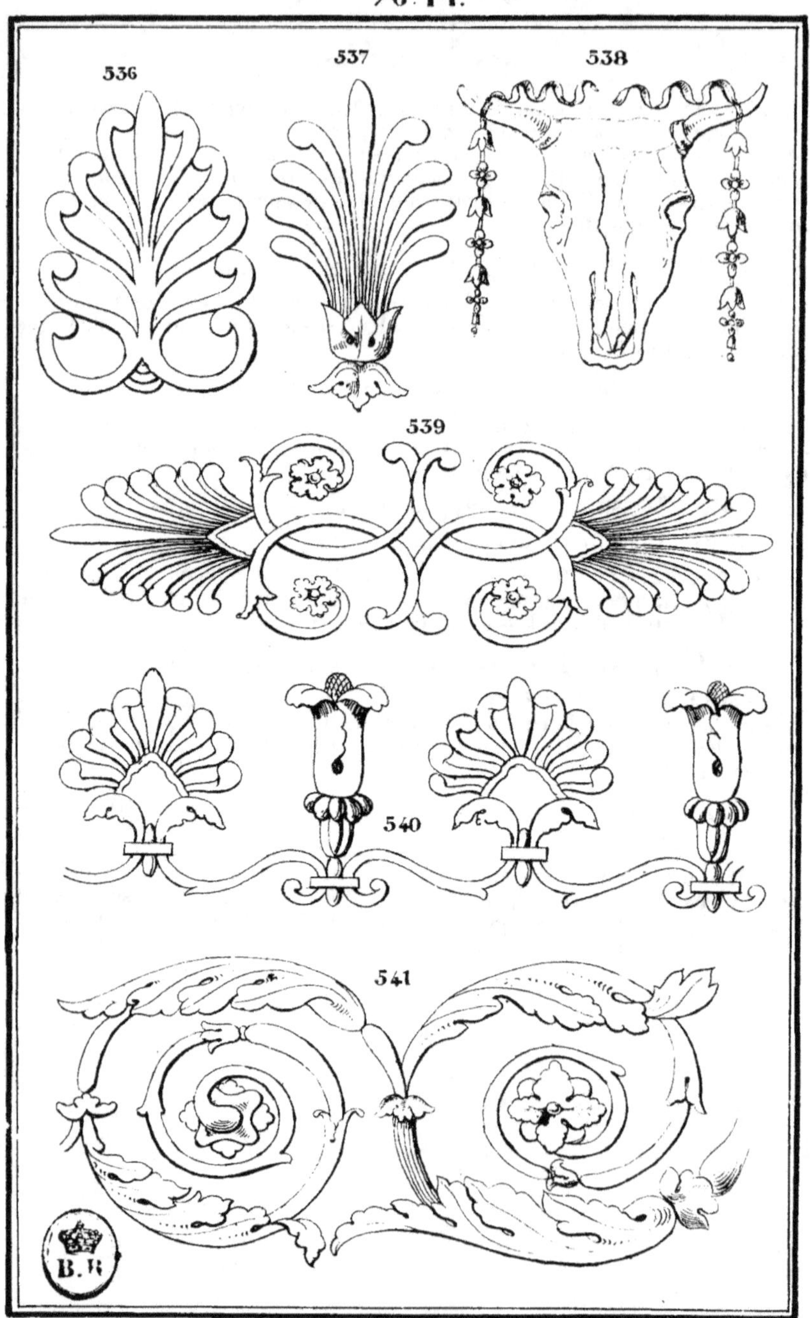

536
537
538
539
540
541

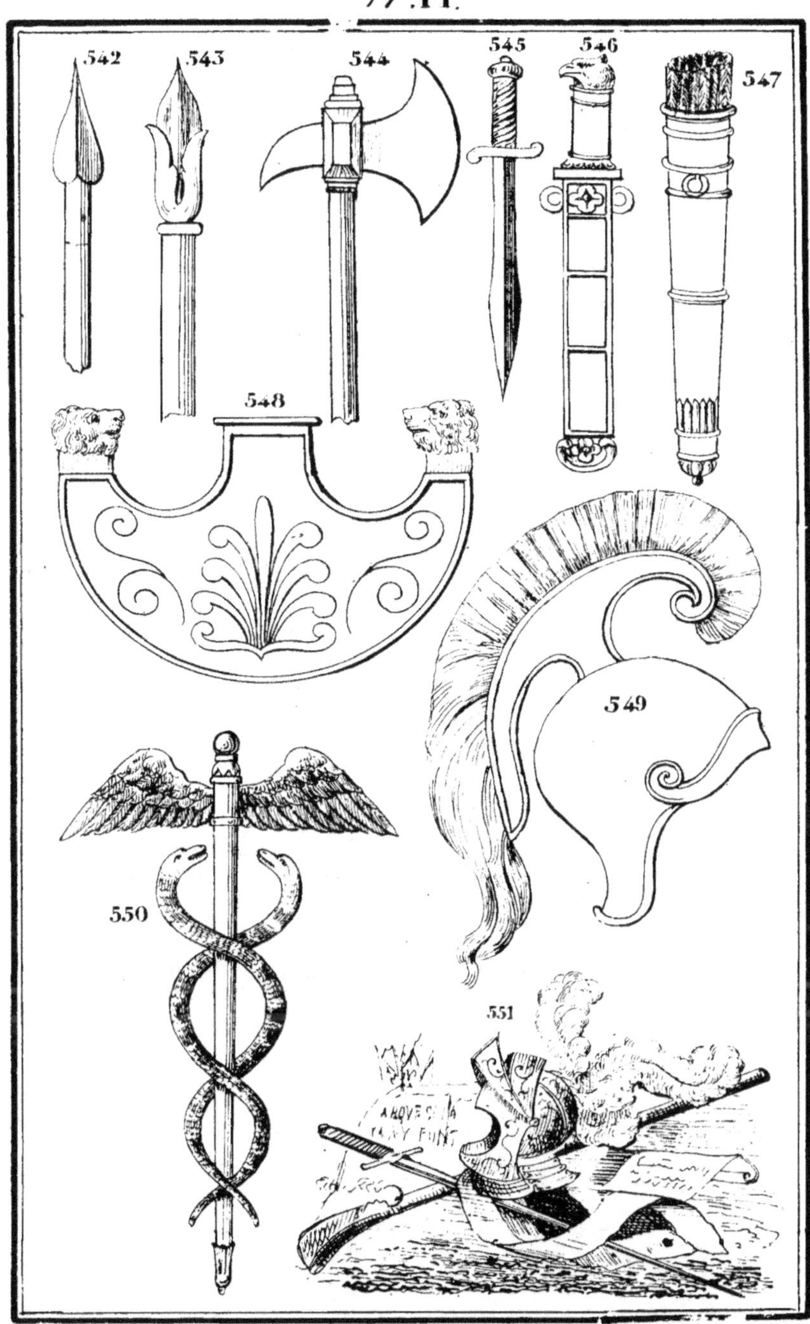
542
543
544
545
546
547
548
549
550
551

DES ARMURES ANTIQUES.

542. Dessinez un javelot.

Le javelot est une arme de trait en forme de dard.

543. Dessinez un sceptre de héraut.

C'est une espèce de bâton de commandement, qu'il n'appartient qu'aux rois de porter, et qui est une des marques de la royauté.

544. Dessinez une hache d'armes.

L'élève dessinera d'abord le manche qui se compose d'un cylindre droit jusqu'à l'emmanchemeut, et qui devient parallélipipède ensuite, puis conique ; cela fait, il dessinera la lame de la hache.

545. Dessinez un poignard.

546. Dessinez une épée antique.

547. Dessinez un carquois.

548. Dessinez un bouclier.

L'élève décrira deux demi-circonférences concentriques pour l'extérieur du bouclier, il marquera la hauteur du bouclier, et terminera la partie supérieure ; il dessinera ensuite la palmette, et les ornements de l'intérieur, puis les deux têtes de lion.

549. Dessinez un casque romain, orné d'un panache terminé par une queue de cheval.

L'élève dessinera d'abord la courbure du casque, puis l'entrée et le derrière, il décrira l'espèce de volute dont il est surmonté, et terminera par les torsades du panache.

550. Dessinez un caducée.

C'est un symbole d'union et de concorde. C'est l'attribut du dieu Mercure. L'élève dessinera le bâton, ensuite les ailes, puis les serpents qui s'entrelacent autour.

551. Dessinez un trophée.

La construction de ce dessin demande, de la part de l'élève, une attention plus grande, il dessinera donc le fusil, l'épée, le casque, le panache, l'étendard, et tous les autres détails.

SOIXANTE-DIX-HUITITIÈME LEÇON.

DES INSTRUMENTS DE MUSIQUE.

552. Dessinez un triangle de musique.

C'est un instrument en fer ayant la forme d'un triangle dont un angle n'est pas fermé, sur lequel on frappe avec un autre métal. Aucune difficulté pour la construction.

553. Dessinez une lyre.

C'est un instrument à cordes que l'on pince avec les doigts. On représente Apollon tenant une lyre à la main. Pour la construction de cette lyre l'élève tracera une verticale qui la divisera en deux parties égales, il dessinera ensuite les branches, les cordes et les autres ornements.

554. Dessinez la flûte de Pan.

C'est un assemblage de tuyaux dans lesquels on soufflait pour produire des sons. Aucune difficulté pour la construction.

555. Dessinez un tympanon.

C'est un instrument de musique, composé d'un cercle de bois ou de métal, sur lequel on tend une peau que l'on frappe avec les mains ou avec des baguettes. L'élève décrira donc deux circonférences concentriques pour former l'extérieur du tympanon ; il dessinera ensuite les autres ornements.

556. Dessinez une trompette antique.

C'est un instrument en cuivre ; l'élève dessinera d'abord la tête, puis l'enroulement, et terminera par l'extrémité où l'on applique les lèvres.

557. Dessinez une flûte antique.

L'élève dessinera d'abord le manche avec toutes ses clefs, puis la partie circulaire d'où s'échappe le son.

558. Dessinez un cor antique.

C'est un instrument à vent, composé de portions de cercle raccordées. Aucune difficulté pour la construction.

559. Dessinez des cymbales.

Ce sont deux plaques de cuivre circulaires, que l'on frappe l'une contre l'autre. Aucune difficulté pour le tracé.

560. Dessinez un cistre.

C'est un instrument dont les anciens se servaient pour battre la mesure.

561. Dessinez un violon.

562. Dessinez un tambour.

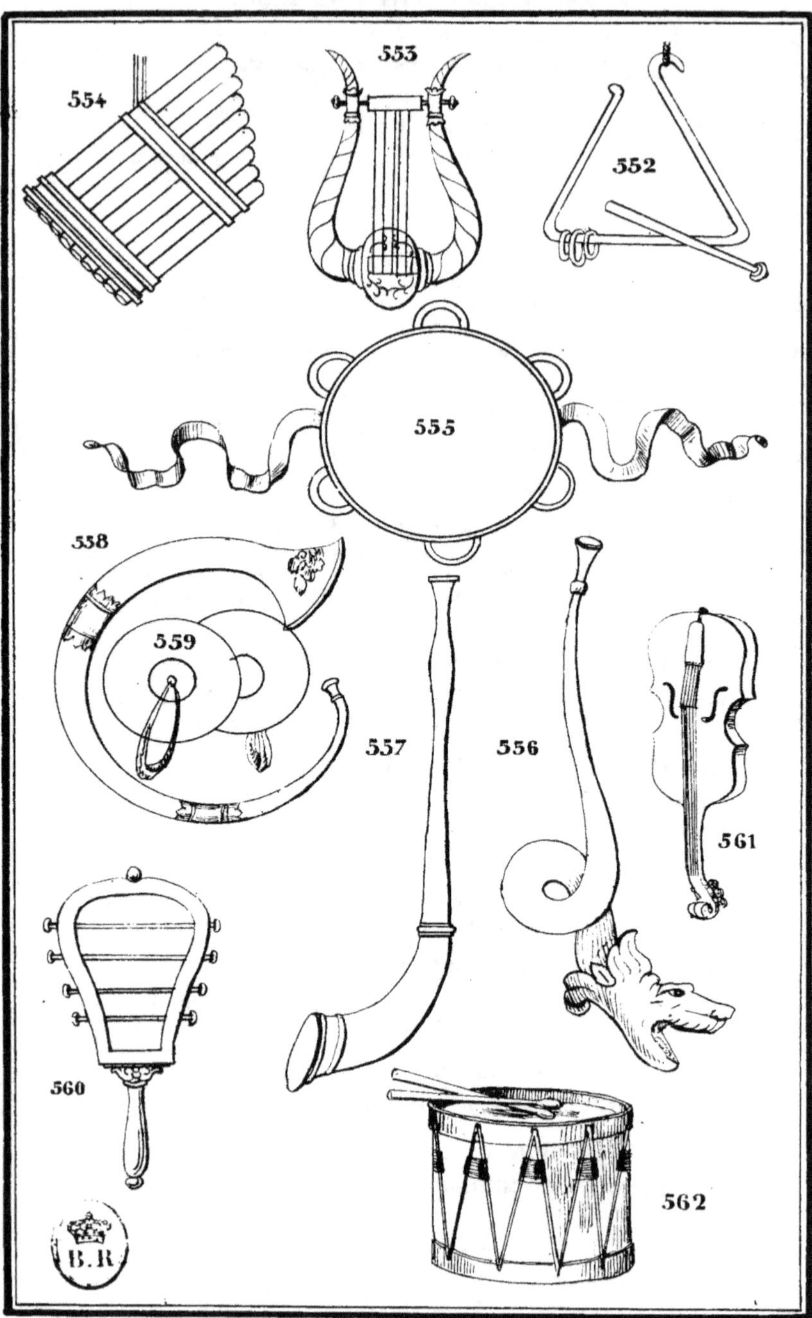

554
553
552
555
558
559
557
556
561
560
562
B.R

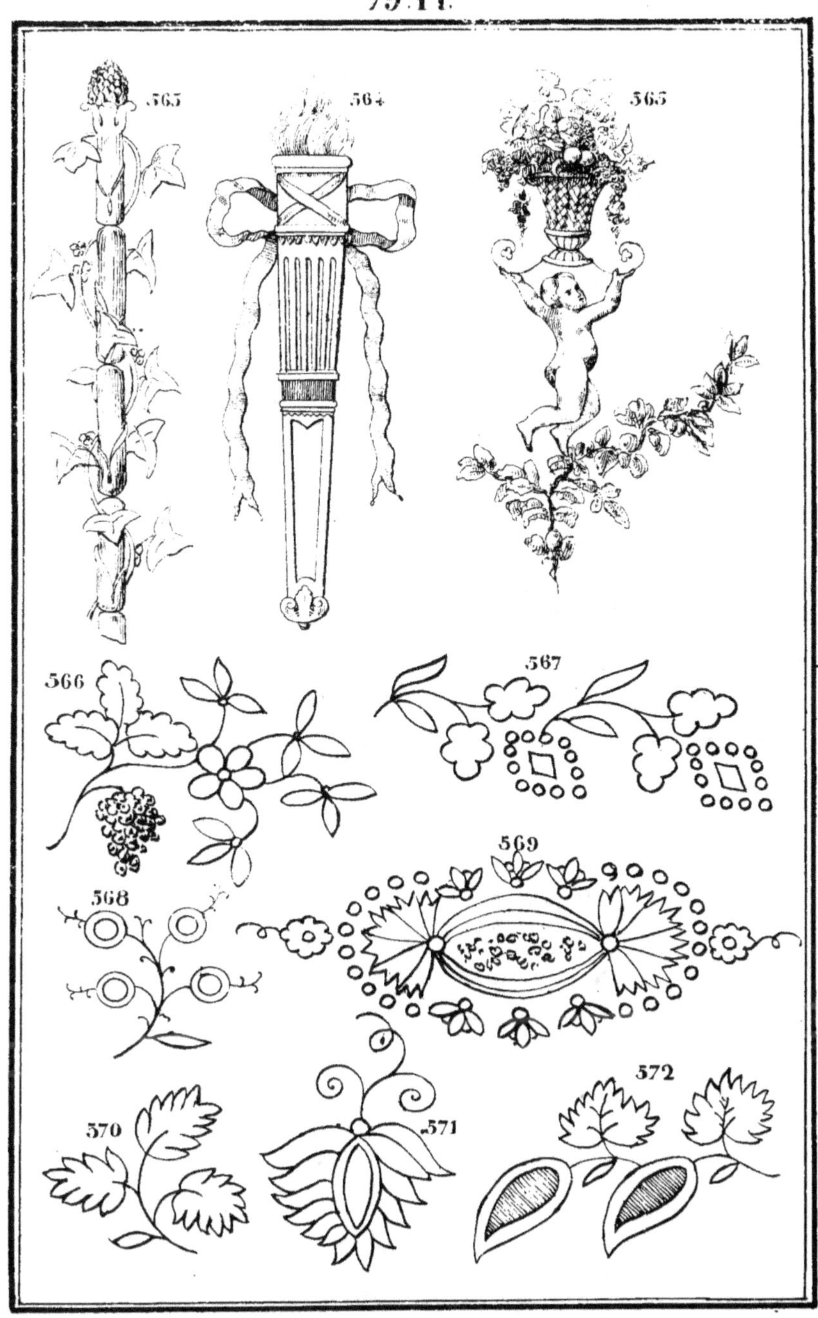
563
564
565
566
567
568
569
570
571
572

DES EMBLÈMES.

563. Dessinez un thyrse.

C'était, chez les anciens, un javelot orné de pampres et de grappes de raisin, ou de feuilles de lierre. C'était l'attribut du dieu Bacchus. L'élève tracera une verticale passant par le milieu du thyrse, il dessinera le bâton, ensuite les feuilles qui l'entourent.

564. Dessinez un flambeau.

C'était un symbole dans les cérémonies religieuses des anciens. Aucune difficulté pour la construction.

565. Dessinez un enfant portant un panier de fleurs.

L'élève dessinera d'abord le panier, les fleurs et les fruits dont il est rempli, ensuite l'enfant, puis le feuillage sur lequel il est posé.

DES DESSINS DE BRODERIE.

Dans les dessins de broderie, on rencontre rarement la précision des figures géométriques. Le goût est la seule règle que l'on doive suivre. On brode sur toute espèce d'étoffe, sur la mousseline, sur le drap, le velours, etc. ; il y a de la broderie au crochet, au passé, au plumetis, en application, etc. Nous nous contentons de donner seulement ici quelques dessins différents de broderie, laissant aux maîtresses de pension le soin d'en procurer d'autres plus compliqués à leurs élèves lorsqu'ils auront dessiné les nôtres.

566 à 572. Dessinez des dessins de broderie.